公民行動方案
Project Citizen
教師手冊

Center for Civic Education　原著

財團法人民間公民與法治教育基金會　策劃出版

國家圖書館出版品預行編目資料

公民行動方案教師手冊 / Center for Civic Education著；吳愛頡譯. -- 初版. -- 臺北市：財團法人民間公民與法治教育基金會, 五南圖書出版股份有限公司, 2011.06
　　面；　公分
譯自：We the people : project citizen teacher's guide level 1

ISBN 978-986-86457-2-1（平裝）

1. 公民教育　2. 公共政策　3. 中學課程

524.45　　　　　　　　　　　　　100010620

公民行動方案教師手冊

原著書名：We the People：Project Citizen Teacher's Guide Level I
著 作 人：Center for Civic Education（http://www.civiced.org/）
譯　　者：吳愛頡
策　　劃：林佳範
本書總編輯：李岳霖、劉金玫

編輯委員：朱惠美、李岳霖、吳忠泰、陳端峰、陳麟祥、許珍珍、黃啟倫、彭景曼、詹宗諺、劉金玫
　　　　　滕澤珩、潘蓓臻、蕭玉芬
責任編輯：許珍珍、李奇蓁
出 版 者：財團法人民間公民與法治教育基金會　（104台北市中山區松江路100巷4號5樓）
出版者電話：（02）2521-4258　傳真：（02）2521-4245
出版者網址：www.lre.org.tw

合作出版：五南圖書出版股份有限公司
發 行 人：楊榮川
地　　址：106台北市大安區和平東路二段339號4樓
電　　話：（02）2705-5066（代表號）
傳　　真：（02）2706-6100
劃　　撥：0106895-3

版　　刷：2011年6月初版一刷
　　　　　2021年10月初版四刷
定　　價：130元

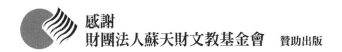

感謝
財團法人蘇天財文教基金會　贊助出版

PROJECT
公民行動方案
Citizen
目錄 ———— 教師手冊

課程介紹

◎ 公民參與解決社區問題

課程目的

　　一個民主社會的動盪或穩定，某方面是可以藉由公民參與社區公共事務的程度來測量。公民參與是民主的表徵，我們不只有權利，更有責任參與各級政府機關的運作。從學校、社區、縣市政府、到整個國家。公民行動專題研討課程的設計，除了幫助年輕學子了解為什麼要參與公共事務外，更要學習如何有效地參與。這是一套很寶貴的教學工具，能幫助下一代的公民有能力、有信心投入公民參與的行動。

課程目標

　　公民行動專題研討課程要介紹並教導學生們有關政府運作的方式和程序，藉由下列方式，達成讓學生們願意積極地運用公民權投入政府運作的目標。
- 提供並指導有效參與的知識和技能
- 提供實際經驗來協助增長能力和增進效率
- 促進對公民參與重要性的了解

　　我們相信本課程能充實學生們的知識，增進他們的技能，深刻地了解如何一起努力讓我們的社會更美好。

在教室裡介紹公民行動專題研討課程

　　請同學們讀學生手冊第9～11頁的課程介紹，讓學生們對本課程的架構與成果發表有整體的了解。然後和學生們一起複習課程介紹中提供的資訊，大致了解上這堂課時必須完成的各項任務。學生手冊第7頁所提到的【問題／解決】，可以讓學生們知道課堂上要進行的活動步驟。

　　如果學生們要舉辦公民行動專題研討後的成果發表活動，老師們必須強調舉辦成果發表不是競爭或比賽，而是讓同學們有機會公開班級合作的結果，並練習用模擬公聽會的方式在全班同學面前展示，最重要的目的是要同學們在學習的過程中全神貫注且盡其所能。同學們在成果發表活動的最終，所得到公民參與的知識、技能和積極的態度，絕對超越這個活動本身。

公共政策

什麼是公共政策？誰來制定？

本課目標

　　要成功達到公民行動專題研討課程的目標，必須先幫助學生認識公共政策的概念，以及政策制定的過程。我們建議教師和學生們一起練習深入學習公共政策的概念與政策的制定程序。

課堂討論

定義公共政策

　　本課程的重點在擬訂一項公共政策以解決特定的社區問題。如果老師和同學們都同意，這項公共政策的建議還可以送交適當的政府機關或官員。因此，學生們必須先明白「公共政策」的涵義。

　　在本課程中，公共政策是指任何層級的政府機關，一致同意以某種方式來履行該機關的某項責任。例如，保護人民的個人權利，或是增進全體大眾的利益。最典型的是——有些公共政策會透過立法程序制定成為法律條文。其次，有些公共政策則包含行政機關負責執行並實踐這些法令規範。此外，在某些特定的情況下，司法機關中的法院也可以影響或改變公共政策。

　　由於本課程主要目的之一是幫助同學們學習如何參與政府的運作，我們希望學生有能力檢視那些已經存在或理應由政府處理（或至少部分處理）的社區問題。為使政府負起解決社區問題的責任，學生提出的解決方案應該包括政府施政作為的建議，其提議的策略亦可包括勸導居民分攤社區的責任。

B 課堂活動

利用報紙來介紹公共政策

- 所需時間：兩節課
- 所需材料：當地報紙數份（每個班級或團體需要8～12份報紙），以及發給每位學生一份第102頁「什麼是公共政策？」的學生講義1和第103頁「哪些是公共政策？哪些不是公共政策？」的學生講義2。

第一節課

① 發下學生講義1：「什麼是公共政策？」給每一位學生，請同學在第一欄空格中寫出自己認為的公共政策是什麼。

② 請全班同學腦力激盪，在黑板或海報紙上寫下：「什麼是公共政策？」並將學生所有的回答保留待進行下個步驟時使用。

③ 將全班分組，每組3～4位同學，發給每組一份完整的報紙（所有版面都要）。請每一組從報紙中選出4～5篇他們認為和公共政策相關的文章，每一篇都必須來自不同的版面（例如，今日焦點、政治版、地方版、財經版或運動版）。請各小組準備向全班說明為什麼這幾篇新聞報導是公共政策的實例（請參考第111～115頁附件：新聞報導中的公共政策實例）。

④ 請各組輪流報告所選的實例，並向大家說明為什麼這些實例是公共政策的問題，已經被提過的實例，後面的小組就不能再重複提出。

⑤ 用提出的實例來進行討論，請大家想想公共政策需具備哪些要件，並將這些資訊填入「什麼是公共政策？」的學生講義1中的第二欄空格。

　　常見的答案包括：

- 政府的作為
- 權威[1]
- 共同福祉
- 社區居民的投入
- 保障人民的權益
- 解決問題

⑥ 公共政策必須有哪些基本要件，在全班討論之後，給各小組一些時間在海報紙上寫下公共政策的定義，展示給全班同學參考。

⑦ 請每一組輪流報告，由老師將各組定義中相同的名詞或詞句劃出來。

---

1 正當、合理的行使權力。有關權威的詳細說明請參考「民間司法改革基金會法治教育向下扎根中心」、「五南圖書」合作出版之《民主基礎系列叢書》

⑧ 從各組相同的要件、新聞案例和先前腦力激盪的答案中，全班同學應該能歸納出一個對公共政策一致的定義。

延伸活動

可以當成一份作業：要求同學們從不同的來源蒐集公共政策的定義，並加以比較。假使有需要，給同學們時間去進行修辭、更改或重寫班級先前對公共政策的定義。

第二節課

① 發下學生講義2：「哪些是公共政策？哪些不是公共政策？」，和同學們一起讀學生講義上的各項指示，並討論所舉的實例中的第①個問題。複習先前全班同意的公共政策定義，請同學們試著將定義援用在這個實例上。
② 請同學們先各自為這些社區問題找答案，每個人至少要處理一個問題。然後將同學分成小組，每組3～4位同學，互相分享自己的解決辦法。
③ 每組分配一個社區問題，請各組討論出一種運用公共政策的解決方法，以及一種和公共政策無關的解決方法，準備向全班同學說明。
④ 為了確定同學是否真正的了解，請各組至少提出兩個自己周遭社區的問題，填入學生講義2的空白欄位中，再請同學想一想，或是透過討論，提出可能解決這些問題的方案。

趁勝追擊提問

① 對於公共政策的定義，你學到了什麼？
② 這個活動是否改變你對公共政策的認識？
③ 誰有制定公共政策的責任？
④ 如何更改現在已經有的公共政策呢？

是或不是公共政策？

請同學們一起看學生手冊第13～14頁的內容，可以利用先前找到並討論的問題來進行學生手冊第14頁＜B課堂活動＞。

教師也可以使用學生講義2：「哪些是公共政策？哪些不是公共政策？」的問題來進行班級活動（第103頁，附錄H）。學生講義2可以作為檢視和評估是否了解哪些是公共政策的要件。

介紹政策制定程序的活動

同學們必須認識在制定公共政策時，政府（不論地方政府或中央政府）所扮演的主要角色，也必須知道政府只是制定程序中的一個必要角色，社區中所有公民都應該被鼓勵參與公共政策的制定。民主社會的政策決定需要政府和人民雙方的同意和參與。

整個政策決定的過程，有可能從社會大眾意識到某個問題的存在開始。人們意識到問題的出現可能是因為媒體報導，或是有政治團體、公民團體、政府機關把問題提出來。接著，人們漸漸會對該如何解決這個問題有一些想法和討論，進而將這些意見呈現給政府參考。在這個過程中，人們對同一個問題該如何解決會有很多不同的考量，因此就會有替代方案的產生。

政策決定的過程還包括蒐集和分析資料、評估得以解決問題的各項可行的政策的後果，或提出其他方案尋求支持。一旦人們都同意某種行動方案可以妥適的解決問題，便要努力說服政府機關或專責單位採納這項決定並成為政策，如果政府真的採納，政策就可以付諸執行了。

政策制定程序

　　以下是制定政策的一般程序的流程圖。請老師對全班同學說明學生講義3：「政策制定程序圖」的圖表（第104頁，附錄H），幫助大家對這個複雜的過程有更清楚的了解。可以將圖表影印放大成為掛圖方便說明。

政策制定程序

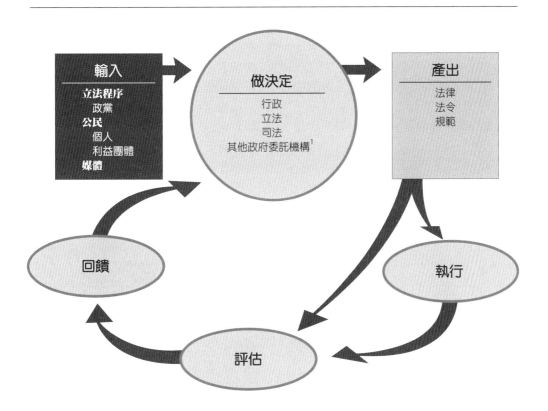

　　按照圖示說明政策制定流程後，將班上同學分成4人一組的工作小組，討論圖表的內容，並試試看能否清楚地將整個流程套入地方政府或中央政府的體制中。

　　接著，將圖表分成：（1）輸入；（2）做決定；（3）產出；（4）執行（包括評估和回饋）四個部分進行討論。教師可以指定或分配各組要討論的部分，或是由各組自行選擇其中之一，並請每位成員用2～3段文字說明。最後，請同學將大家完成的書面作業整理成一篇完整的文章，來說明制定政策的過程。

---

1 例如：「勞工保險局」、「全民健康保險局」

◉ 政府有權制定公共政策

　　關於公共政策，學生們必須知道一件很重要的事情，很多不同政策的決策者不只有權力，更有責任要處理某些問題。

　　請同學們先閱讀和討論學生手冊第16頁「政府有權制定公共政策」的內容，並用第17頁的「政府責任學習單」來完成學生手冊第16頁＜D課堂活動＞。這個活動可以在課堂上進行，也可當成回家作業。（請參照學生講義4（第105頁，附錄H））。

◉ 公民參與制定政策的過程

　　關於公共政策，學生們必須知道一件很重要的事，很多不同的政策的決策者不只有權力，更有責任要處理某個問題。

　　重要的是，學生們必須了解在制定公共政策時公民可以扮演的角色。例如：嘗試透過參加政策會議、寫信給民意代表或新聞媒體、打電話或寄電子郵件、監督提案和相反意見的討論、參加集會遊行、說服其他公民支持某個方案或特定的替代方案、進行研究、提出自己的建議，以及到公聽會講解說明等方式。前面所述只是一小部分，僅用來讓大家知道人們真的有很多機會可以參與決策制定的過程。

◉ 介紹政策決策者的活動

　　請參考學生講義5A：「誰是有責的政策決策者？」的練習範本（第106頁，附錄H）。從這個範例中，讓同學們認識不同的決策者，在面對相同的學生逃學問題時，有各種不同的責任。請大家先討論這個例子，然後發給同學學生講義5B：「誰是有責的政策決策者？」（第108頁，附錄H）。把同學分成3～4人的小組，每組找出一個需要制定公共政策來解決的學校或社會問題，針對所選的問題作成圖表來對全班說明。

　　請同學們一起讀學生手冊第18頁的內容，從其中找出一、二個社會上與先前在進行學生手冊第14頁＜B課堂活動＞時提

出和公共政策有關的問題，並舉例說明如何將前述各種參與的方法運用在這個問題上。試著讓同學們具體指明先前活動中曾討論和這個問題相關的會議、政府機關、新聞和公共事件。

老師們可以按照下面的程序，幫助全班為參與公民行動專題研討課程做準備。

◎ 邀請志工協助教學

我們建議教師邀請志工來幫助學生們進行製作班級資料檔案的任務。志工可以是學生家長、年長的公民、教學助理、青年組織領袖或其他有公民理念的人。志工們也可能已經有將想法付諸行動的實戰經驗，他們對問題的回應和引導可以豐富大家的學習內容，在後續的課程中也能夠更適當地回應相關的議題。

以下是關於志工的指導原則，請參考附錄A（第54～55頁）。可以將附錄A影印分發給每位志工。

1a. 運用志工的建議

協助工作任務和程序

志工能幫助同學們了解製作公民行動方案專題研討的班級資料檔案的各項步驟，志工應先詳讀學生手冊第65頁的「公民行動方案專題檔案報告評估表」。這份評估表在第98頁附錄G，請影印並發給志工們，方便他們引導學生進行自我評估。

蒐集資訊

志工們可以幫助學生們尋找有用的資料來源，告訴學生們如何迅速又有效地蒐集所提問題的相關資訊，例如，志工們可以教導同學們

● 到圖書館找資料

- 在網路上搜尋資料及有用的資源
- 用電話簿或線上工商名錄，尋找可能擁有所需資訊的政府官員或專責機關，或適當的私人組織
- 和可能資料來源的社會人士聯絡
- 寫信或電子郵件要求提供資訊
- 利用角色扮演的方式，協助學生準備如何和資料來源的對象面談
- 提供進行面談或是必須到其他地方找資料所需的交通工具

協助同學提出報告

　　志工可以訓練學生如何組織、整合與表達所製作的班級資料檔案，使口頭報告能順利進行，並幫助同學們練習如何在社會團體或政府官員面前呈現表達。

回顧經驗

　　志工可以幫助學生準備書面報告，內容是關於他們參與公民行動方案專題課程所獲得的學習。學生報告的焦點可集中於所增加的知識、發展的公民技巧，以及他們本身作為民主代議政治中的一員，在其公民態度及性格上有何轉變。志工可以詢問學生遭遇到哪些難題，以及若採行另一種行動方案則會有哪些不同的做法。

1b. 界定志工的協助範圍

蒐集資訊

　　志工不可以幫學生做以下的工作：
- 代替同學蒐集資料
- 代替學生寫信、寫電子郵件或打電話
- 代替學生做應由學生們進行的研究

準備班級資料檔案

　　志工不可以幫學生做以下的工作：
- 代替學生撰寫班級資料檔案中的書面文件
- 為學生準備報告的稿子
- 為學生製作說明或繪製圖表
- 為學生篩選班級資料檔案的內容

準備口頭報告

志工不可以幫學生做口頭報告的工作。

請參考附錄A（第54～55頁）。

◉舉行成果發表會

如何進行成果發表會的指導原則和程序，請參閱附錄B（第56～57頁）。

◉評估班級資料檔案與模擬公聽會

如何在班級或其他公開場合舉辦成果發表會，以及需要整合哪些資料，請參閱附錄B（第56～57頁）。

評估學生們所整合的班級資料檔案與進行模擬公聽會等學習成果的評分表，請參考附錄D（第72～73頁）與附錄F（第78～79頁）。不論有沒有舉行成果發表會，老師們都可以用這些評分表為學生們的作業和表現打成績。

幫助學生為模擬公聽會製作資料檔案

教師們可以運用這些建議來幫助學生們了解在選定研究主題、製作班級資料檔案，以及準備舉行模擬公聽會所需的處理步驟。教師們不妨按照實際需要或考量更適合班級的方式，更改或修正各項步驟。我們曾經請教經驗豐富的公民行動方案專題課程的講師，基於他們的經驗和曾發生的錯誤，期望能提供給大家更好的建議或想法，因而整理成「**教師妙招**」，並收錄在【步驟一】～【步驟六】單元的後面，希望您們也會覺得這些方法和提示，對進行公民行動方案專題課程有很實際的幫助。

步驟一
Step ①

確認社區裡的公共政策問題

本課目標

先和同學們討論這堂課的課程目標，【步驟一】的課程目標是要讓學生們：

- 找找看你的社區裡有哪些問題？

- 和家長、鄰居或其他社區成員討論這些問題，以瞭解別人對這些問題認識多少？有什麼看法？

- 蒐集足夠的資訊來選出一個全班同學都認為重要，值得一起研究的問題。

課堂討論 **小團體活動**

◉ 討論同學們找到的社區問題

　　為了讓同學們聚焦在這一課的重點上，學生手冊第21～22頁中列出了許多一般社區共同的問題，請同學們運用這些問題當做思考你們社區問題的跳板。告訴學生不能直接用課本上列出來的問題當成公民行動方案研討的主題，而是要選出社區中更明顯的問題加以探討。

　　若班上先前已經進行過本手冊第6～7頁「利用報紙介紹公共政策」的活動，學生可能已經找到可以進一步探索的社區問題了。

　　同學們必須找出一個合理可行的公共政策問題的提案，也就是必須要政府一定程度的介入才能解決的問題，這點非常重要。

　　在第一次討論時，請先帶領同學談談學生手冊裡列出的各問題，再請大家腦力激盪，想想看自己的社區裡有哪些其他的問題，把想到的問題全部寫下來，包括學生手冊上的問題在內。將學生分成2～3人的小組，每組指定一個問題，各組必須按照學生手冊第22頁的小組討論進行，並將各組的答案填入學生手冊第23頁「問題確認與分析表」中，最後請各組同學上台報告，讓全班一起討論。

● 指定回家作業

依學生手冊第24頁的敘述，將同學分成小組，每組負責從①訪談、或②書面資料、或③電子媒體等發掘更多問題的管道中找出資料。請先讓同學確實明白如何使用學生手冊第25～27頁的表格。

我們會在下一課【步驟二】的課程中用到這份學生講義。

備註：學生們可以直接使用學生手冊上的表格，或是加以影印使用。如須影印，本書附有完整的表格，請參照附錄G，表格1～14（第81～100頁）。

雖然「步驟六：回顧學習經驗」有針對整個公民行動專題研討課程的回饋活動，但每一個步驟完成後，就所學到的內容和過程進行回顧也非常重要。這裡的回顧活動必須把重點放在學習這個步驟的目標和已經進行的各項活動。以下是幾個回顧【步驟一】的問題舉例：

①讓人們知道社區問題的最好方法是什麼？
②你知道你的社區裡現在必須面對哪些問題嗎？
③每一個人都需要知道並盡力了解所在的社區裡的問題嗎？為什麼需要？或為什麼不需要？
④政府必須處理所有的社區問題嗎？為什麼需要？或為什麼不需要？
⑤如果公民們都漠視社區問題，社區會變成什麼樣子呢？

● 教師妙招 ●

以下是一些曾經成功教授公民行動專題研討課程的老師們，提出來和大家分享的心得和建議：

每個學期一開始時，先在班上設置一個「利害關係板」，如果學生們發現任何和利害相關的問題就寫在板子上。當班上開始進行「步驟一：確認社區裡有哪些公共政策問題」的課程時，重新檢視寫在利害關係板上的問題，從中尋找研究的主題。學生們可能會發現有些問題已經解決了，或是不再涉及利害關係，有些問題則是日趨嚴重。

為了讓學生們在選擇問題時能認真思考，請大家從過去一年來的報紙或新聞中，尋找和學校、地方社區或和整個縣市的公共政策有關的事件。

至於課堂外的作業，可以請同學們訪談不同的社區成員，看看他們注意到哪些問題或議題，有什麼想法。例如：學生們可以訪問比他們年紀更輕的孩子，也可以訪問比他們的父母年紀更大的長輩。從訪談中得到的議題和問題都要記錄下來。

可以進行一堂寫作課，請同學寫一篇文章說明他們從訪談中學到哪些和社區有關的事情，這樣的文章能幫助學生們澄清和整理可以提出的想法。

邀請校長或主任到班上談談他們在校內或學區中遇到的問題，和他們分享同學們腦力激盪後列出的各項問題，鼓勵學生們和主任討論所關心的議題。這樣可以讓主任有機會在一開始就加入這項專題研討，進而支持整個課程的進行。

邀請地方政府或鄉鎮公所的官員到班上和大家討論社區中的問題，也可以邀請地方各委員會的首長或社區機構的長官們。有時，相關社會團體或基金會（如：地方文史工作室、家長團體、民間司法改革基金會、兒童福利聯盟等單位）也能提供相當有用的資訊。

邀請各級民意代表到班上和大家討論他（或她）最想要透過立法處理的社區問題，也可以安排一堂「議員與你有約」的趣味課程。[1]

當學生們在選擇進行公民行動專題研討的問題時，要確定在學生們能夠處理掌握的範圍內。樹狀圖是一個很好用的方法，例如：假設學生們選出飢餓的問題為研究主題，先把飢餓問題當成樹幹，接著找和飢餓問題相關但是範圍較小的問題作成各樹枝，像是學生們餓著肚子來上學的問題，以及社區裡面挨餓的街頭遊民問題。

（接下頁）

---

[1] 美國全國州立法機構會議(National Conference of State Legislatures)是美國公民教育中心「公民行動方案專題研討課程」的合作夥伴，提供了「立法人員返校日」的課程。如須關於這堂課更詳細的資訊，請參考以下網站：http://www.ncsl/public/backsch.htm

● 教師妙招 ●

（續前頁）

要確定同學們提出的問題的確和公共政策相關，這樣當進入下一課的步驟二：「選定問題進行班級研討」時，就可以從已經建立好的公共政策問題題庫中找題目。

同時，也要確定同學們提出來的問題必須已經具備了問題的形式，例如：如果只說「學校資源」不能算是個問題，較好的陳述應該是：「我們學校沒有足夠的電腦設備。」

盡量邀請其他科目的老師或學校職員參與專題研討檔案資料的製作。社會研究、語言藝術、數學和自然科的教師們都可能扮演關鍵性的角色，幫助同學們成功的製作專題研討檔案資料。學校的圖書館管理員、媒體專家、美術老師、電腦和科技老師，以及其他教職人員都能從不同角度幫忙同學們更順利的完成這項企劃。

NOTES

| 步驟二 |

Step ②

選定問題進行班級研討

本課目標

先和同學們討論本課目標，【步驟二】的目標是要讓學生們能：

● 確認本班已經知道了哪些社區問題

● 選定某一問題之前，是否還需要更多資訊

● 選定一個問題進行班級研討

課堂討論

◉審查已經蒐集到的資訊

在選定班級討論的問題之前，同學們必須先檢查關於社區問題的資訊，我們建議用以下的步驟帶領學生們就【步驟一】的成果進行討論。

需要討論的問題如下：
① 從訪談的對象身上，你知道了哪些社區問題？
② 其中哪一個問題影響最大？
③ 制定公共政策可以解決這些問題嗎？
④ 有哪些問題是必須修改現有的公共政策才能解決？
⑤ 哪些問題最重要，跟同學的關係最密切？

同學們將會知道每個社區都存在著各種問題，有些問題可能只出現在自己的社區中，有些問題則可能普遍存在大部分的社區裡，找一個同學們有興趣的主題，而且最好是同學們不那麼容易掌握的主題。

舉例而言，我們知道在這世界上有很多人沒有足夠的糧食。由於惡劣的氣候、戰爭、貧窮或其他原因，許多人民和家庭都面臨著長期或短期食物缺乏的危機。然而，世界的飢餓問題是一個很大的課題，以學生們的能力可能無法成功的進行研究，更不容易提出有效的公共政策解決方案。如果學生們真的對世界上的飢餓問題非常有興趣，可以引導同學關心自己社區中，同樣沒有足夠食物的人，像是街頭遊民、低收入戶、老年人或是營養不良的學童而產生的問題。

以下是同學們在衡量和選擇進行研究的問題時，該如何考量的指導原則：
① 政府有權力和責任來制定公共政策處理這些問題嗎？
② 你認為應該要制定一項公共政策來解決這個問題嗎？
③ 這個問題可以透過一個可行而且符合現況的公共政策來解決嗎？
④ 如果這個問題在社區中真的很重要，它對你有什麼影響？
⑤ 你有沒有能力找到足夠的資訊來發展一個完整又有說服力的專題研討班級資料檔案？

如果有些問題無法符合上述原則，請鼓勵學生們先擱置那些問題不列入討論，當同學們表列出符合這些原則的問題後，教師必須參與討論，協助全班要共同討論的問題。
就問題的選定形成班級共識
當同學們覺得準備好了，請大家選定一個全班同意研討的問題，雖然直接用投票

表決是一個不錯的方法，但在順利成功的完成專題上卻不見得有幫助。公民行動專題研討課程的主要目標之一，是要學生們認識到在民主社會中，往往不能事事盡如己意，制定公共政策的過程最重要的，就是學習溝通和妥協，透過公開、慎重的協商程序，每位同學都能表達與公開呈現自己的觀點。如果執行得好，這個達成共識的過程可以引導那些原本表示沒興趣，或是不願參與某個特定問題的學生們，嘗試去認識該問題的重要性，進而說服他們願意加入，和大家一起想辦法處理這個問題。

由於班上每個人都要處理相同的問題，因而所有同學達到一定程度的共識，確保每個人都參與是很重要的。達成團體共識意味著下列幾件事：首先，每個人都有機會自由表達自己的想法；對所考量的問題，大家分享不同的意見、角度和看法。沒有同學或老師能強迫別人做出違反個人意志的決定。最後，大家必需努力整合不同的想法和意見，以達成最後的協議。

教師可以讓同學進行下面的「小團體活動」，幫助大家更認同這樣的觀念，並加強演練如何達成共識的同意過程。

何謂達成共識

　　達成共識不是指一定要百分之百完全同意。但這究竟是什麼意思呢？將同學分成2～3人一組，請各組進行下列活動，並和全班同學分享各組成果。

1. 從字典裡找出下列各名詞的定義或解釋：共識[1]、多數[2]、多數決[3]，以及少數權[4]，然後一起討論。

2. 請各組同學用自己的話，寫下這些名詞的新定義，並舉例說明。

3. 假設班上已經將想要研討的問題刪減到最後兩個問題：
（1）改善學校的午餐方案；
（2）在社區公園中建造新的滑板運動設施。教師請大家投票表決，結果贊成研究滑板場地的有15票，贊成處理午餐問題的有14票，教師宣布結論是要討論滑板設施問題。

　　請同學個別回答下面的問題，然後和大家一一討論：
① 如果你是主張要改善學校的午餐的那一方，現在感覺如何？為什麼有這樣的感覺？
② 多數決就等於是達成共識嗎？請說明贊同及反對的理由？
③ 你覺得為什麼對要進行專題研討的問題，必須要得到共識很重要？

如果有必要，進行更深入的研究

　　如果學生們對被選定要進行班級研討的問題認識不足，以致無法決定，經討論後想再探索其他的問題，或是對選出來的問題全班無法得到共識，不妨分派同學們開始蒐集其他問題的資訊。請同學們再回到學生手冊【步驟一】所附的表格，來蒐集和記錄關於其他問題的資訊。

---

1 共識consensus —— a general agreement of opinion, feeling, etc. （意見、感情等的）一致
2 多數majority —— the greater number; the number greater than half of any total. 大多數
3 多數決majority rule —— rule by the choice of the majority of those who actually vote, irrespective of whether a majority of those entitled participate. 以表決時，多數與會者的選擇為決定的依據
4 少數權minority rights —— the smaller number 少數
　　　　　　　　　　　the state or condition of a minor 少數者的權利，有時不僅指數量上的少數，從憲法平等權保障的角度，有時也可以特別指「弱勢」或「受不利益」一方的權利

問題重要性的判準

　　學生們選出來的問題必須是經過他們自由思考，認為對某個社區中的某特定族群有很重要的影響（例如，對住在城市某一區的房屋所有者全體，或是對城市裡所有國中一年級的學生）。教師或評審不能以自己認為選出的問題是否顯著或重要，來評價同學們完成的公民行動專題檔案資料，而是要以學生們如何針對問題蒐集、彙整、報告和評估資料，如何發展出公共政策的提案，以及如何促成其實現的行動計畫做為評分的依據。

　　如前所述，雖然「步驟六：回顧學習經驗」有針對整個公民行動專題研討課程的回饋活動，每一個步驟完成後，就所學到的內容和過程進行回顧活動也非常重要。這裡的回顧活動必須把重點放在學習這個步驟的目標和已經進行的各項活動。以下是幾個回顧【步驟二】的問題舉例：

① 班上同學在選定要研討的問題上達成共識有困難嗎？如果有困難，是什麼原因呢？如果沒有困難，又是什麼原因呢？
② 是什麼因素使班上很容易或很難選出要研討的主題？
③ 你有沒有機會讓其他同學聽見你的意見或想法？為什麼可以？為什麼不行？
④ 為什麼團體在做決定時建立共識很重要？
⑤ 如果同學們選出來的問題不是你想要的，你會有其他的做法嗎？

● 教師妙招 ●

以下是一些曾經成功教授公民行動專題研討課程的老師們，提出來和大家分享的心得和建議：

舉行一個簡單的發表會，讓同學們有機會向大家說明自己找到和分析的議題，也讓其他同學有機會針對所發表的內容提出問題。

在開始進行發表會之前，可以讓同學們先腦力激盪，想想可以提出哪些問題，例如，可能有同學會問：「政府有沒有參與解決這個問題？」或是「哪一個政府機關和處理這個問題有關？」針對所提的議題，同學們可以提問來釐清一些特定的想法，或者想想這是否為一個可以用簡單的政策就能解決的問題。

鼓勵同學們針對感覺最強烈的問題準備「慷慨激昂的辯論」。有時候，經過這樣的辯論會幫助其他同學認識別人的想法有多重要。相反地，也看到自己的論點或提議有哪些難以成立的地方。

讓全班對選定哪一個問題達成共識，這會比用多數決的方法做決定使同學們更有參與感。務必讓每位同學都能感覺到自己有機會表達意見和想法。先把所有提出來的問題貼在黑板或大張的海報紙上，刪除不涉及公共政策的問題，然後進行下列一項或數項營造共識的活動：

● 發給每位同學三張不同顏色的貼紙，讓他們貼在感覺最強烈的問題旁邊，可以在一個問題旁邊，按照感覺強烈的程度貼一張或一張以上的貼紙。這個過程可以減縮一開始列出來的問題，也讓同學們在視覺上能清楚的看到班上同學最有興趣的問題。這個活動可以反覆進行，直到選出一個問題，或是將之縮減到適當的範圍。

● 把每一個問題分別寫在一張圖畫紙上，依序貼在牆壁上排成一排。請同學們站到各自認為最重要的問題下面，接著請同學們輪流向大家說明覺得這個問題最需要研究的理由。在大家都提出了自己的觀點之後，如果有人改變心意，可以換到另一個問題下面排隊。

● 請每位同學把覺得最重要的問題寫在便條紙上，把所有的紙條放在一個籃子裡混合均勻，讓同學從中隨意抽取，一人一張。再請同學們輪流說明自己覺得為什麼有人會覺得現在抽到的問題很重要，看看這樣的資訊能不能改變同學們原本的想法。

在選定要研討的問題後，如果還有少數同學仍然不同意這個決定，可以問他們一些具探索性的問題，例如「這個問題中，有沒有任何部分是你們有興趣想了解的？」分派給不情願參與的同學一項和該問題相關的任務，說不定可以「爭取到他的認同」。

每一班都難免會有一、兩位同學對班上選出來的問題不滿意，讓這些同學明白為了讓整個專題研討更周延，班上也很需要從反面角度來探討這個問題，這個重要的任務，就交給這幾位不認同這個問題的同學負責。

（接下頁）

教師妙招

（續前頁）

 6 教師們或許會認為同學們選定的問題，並不是學校或社區現在所面臨最迫切的公共政策問題。然而只要確認這是屬於公共政策議題，而學生們也運用公民行動專題研討課的時間充滿熱情的投入解決問題，教師就應該要支持學生們的決定。請記住，這是同學們的專題研討，是學生們的問題，不是老師的問題。

 7 如果教師覺得某些議題有高度爭議，可能會引起家長們、行政當局或同事們強力的反對或支持，因而心中有所保留的話，就該考慮是否先不要進行這個專題研討案。教師們有權利也有責任不要置自己和學生於不必要的冒險。

NOTES

步驟三
Step ③

為班級選定研討的問題 蒐集相關資訊

本課目標

　　先和同學們討論這堂課的課程目標，【步驟三】的目標是要讓學生們能：

• 對選定要進行班級研討的主題，知道哪裡可以找到更多的相關資訊。

• 知道可以從各種不同的來源獲得所需的資訊。

• 學習評估蒐集到的各項資訊來源的可用性。

● 確認資料來源

　　班上選定要研討的問題後，學生們必須蒐集詳細的資訊才能製作成資料檔案，請帶領同學們討論學生手冊第31～33頁中列出的資訊來源，並加入所在社區中可以獲得的資料來源。在討論這些可能的資料來源時，可以請同學們分享他們已經知道的資料來源和曾經有過的經驗。也可以請同學們想想有沒有什麼人可以幫忙聯絡獲取這些資訊。例如，有沒有人認識律師、學者、地方政府機關工作的人員，或社區的志工等等？如果有，請研究小組將這些資料記下來備用。

　　在讓學生開始著手尋找各項資源之前，務必先帶領同學們讀學生手冊第34頁的指導原則，確定每次只由一位同學聯絡一個辦公室找資料，或是安排一次訪談。確保這一個課程不會對原本已經很忙碌的各機關、企業，或個人帶來太大的負擔。

先審視班上同學即將尋找的資料來源，把班上分成數個工作小組，分派每一個小組負責從一種來源找資料。學生手冊第34頁提供學生們進行這項作業的指導原則，以及獲得資料或文件檔案資訊的紀錄表格。和同學們一起檢視這些表格，確定同學們都了解各問題並知道如何記錄結果。也可以邀請志工來協助各研究小組完成任務。志工可以從旁協助，但絕不可以幫同學們做作業（請參考附錄A，第54～55頁）。

如前所述，「步驟六：回顧學習經驗」雖然針對整個公民行動專題研討課程安排了回饋活動，不過，每一個步驟完成後，就所學到的內容和過程進行回顧活動也非常重要。這裡的回顧活動必須把重點放在學習這個步驟的目標和已經進行的各項活動。以下是幾個回顧【步驟三】的問題示例：

①在為專題蒐集資料時，你遇到哪些問題？

②你和隊友們是否合作順利，得到進行這項專題需要的各項資訊？如果是，原因為何？如果不是，理由何在？

③藉由蒐集專題所需的資訊，你如何增進自己的研究技巧？

④在進行這項專題研討的過程中，對於政府和政府官員的角色，你有什麼進一步的認識？

⑤在進行這項專題研討的過程中，你對政府官員的看法有沒有改變？如果有，請說明是怎麼樣的改變，如果沒有，也請說明理由。

● 教師妙招 ●

班上同學成功的完成專題研討的第二步驟後，請教師在黑板、投影片或圖畫紙上寫下「問題是……」。讓全班同學寫幾句話來定義這個問題，以便每個人都有相同的理解。

接下來，請全班同學腦力激盪，想想要蒐集哪些種類的資料、需要哪些資源，以及可以運用哪些方法來了解更多與問題相關的事項。舉例而言，同學們可能會說：「調查所有7～9年級的午餐菜單。」或是：「計算在上學前經過校門前十字路口的車輛有多少。」或是：「找出雜誌或健康報導中關於二手菸對孩童的影響的文章。」

可以考慮利用學生手冊第31～33頁中列出的八種不同的「資訊來源示例」，來協助研究任務小組的分工。本手冊附錄G（第85～89頁）以及學生手冊第37～41頁的內容都可以幫助教師依照「資訊的來源」來分派各組的研究任務。

同學們最需要的研究任務包括：進行訪談並摘要出關鍵資訊、尋找並閱讀相關資料文件做成摘要、製作圖形或表格來說明測量的結果，以及蒐集和問題相關的照片或圖畫。

每個任務小組應選出一位組長，將每位同學的名字寫在所負責的工作項目下面，組長要定期檢查組員們的工作進度。

從各種不同的書刊或電子資源所蒐集的資訊，是【步驟三】相當重要的部分，這些資料包括書籍、報紙、期刊、簡介手冊、研究論文、報告、學生自己的調查研究和網路資訊。

- 請同學將找到的資料製作影本或副本，當大家讀這些資料時，把重點和重要事實用螢光筆標示出來，就最相關的資訊作成一份摘要簡報，並將這份書面摘要附在原始的文件上（上面貼summary），置入適當的資料夾。

- 請同學們確認所有的資料都適當的歸檔，製作一個表格明確列出需要哪些資源或參考書目。在每一個任務小組中，選出一位同學擔任「參考書目管理人」，負責為日後資料檔案的展示板及文件資料區整理參考文獻和可能會用到的資訊。

- 學生們必須了解他們設計問卷的方式，會影響得到的結果是否具有意義。用班上選定的問題製作幾個寫得很糟糕的問卷設計的例子，讓同學們知道不好的提問會增加研究的困難，更不容易得到真正需要的資訊。

- 不要以為同學們對閱讀報紙或上圖書館查資料很熟悉，或認為用電腦找資料很普遍，有些學生從來沒有上網查過資料或收發電子郵件，也不曾造訪過當地的圖書館，甚至讀過報紙。而且，即使家中有電腦，也可能從來沒有為了課業需要而使用電腦。如果上述情形也是你班上同學的寫照，建議教師盡量用課堂上的時間讓同學們進行專題研討工作。

（接下頁）

 **教師妙招**

（續前頁）

除了印刷和電子的資料來源之外，我們希望同學們能有機會對社區的成員進行訪談，蒐集更多不同觀點的資訊。同學們可以親自面訪、電話訪談或是利用書面通訊（寫信或寫電子郵件）。

- 請同學們事先準備好所有面談時要問的問題，教師應和同學們一一檢視這些問題，並依需要加以改編。

- 在同學們開始進行社區成員訪談之前，應先給予機會去練習一些基本的面談技巧。選一個主題，讓同學們兩人一組進行面談的角色扮演，一位同學問問題，另一位同學回答。接下來和同學們討論剛才演練中做得好的地方，以及何處需要改進。教師也要幫助同學們練習如何面對對方不友善的態度，或是如何因應對方不把面談當一回事的狀況。

- 在同學們開始進行社區成員訪談之前，教師要想辦法先和訪談的對象聯繫，告知他們關於公民行動專題研討的課程，以及有同學正準備要聯絡採訪他們。這樣可以確保同學和受訪對象雙方都得到正向的面談經驗。

- 如果採訪的對象是學校的教職員，教師可以先發電子郵件給他們，讓他們知道會有學生們要來採訪，以及採訪哪些主題。

- 每次面談必須由三位同學組成一個訪談小組進行，如果是電話訪談，最好能用具免持聽筒功能的電話。其中一位同學負責提問先前準備好的問題，其他兩位負責記錄對方的回答。如果沒有具免持聽筒功能的電話，問問題的同學必須重述對方的回答，讓其他同學都能聽見。

NOTES

步驟四
Step ④

發展班級資料檔案

本課目標

先和同學們討論這堂課的課程目標，【步驟四】
的目標是要讓學生們能：

● 讓整個班級以主導專題資料檔案的角色來回答學習
單上的重要問題。

● 分成四組工作團隊，來完成專題資料檔案的四項任
務。

● 選擇和運用所蒐集到的最佳資訊，來完成專題資料
檔案的任務。

A 課堂討論

◉ 全班達成共識及協議

在這個階段，班上同學應該已經具備了足夠的資訊，可以開始進行製作班級專題資料檔案了。然而，經驗告訴我們，老師最好完成以下所述的程序後，再將全班分成四個任務分組。如果太早分組，學生們會只專注在規劃和進行各組被指定的那一部分工作，而不去注意整個班級專題資料檔案的全貌。如此一來，同學們之間有可能產生一些認知上的混亂，且最後的成果也將欠缺全班合作的凝聚力。從班級管理的角度來看，如果跳過這個步驟就直接製作班級專題資料檔，在第一組和第二組進行工作時，第三組和第四組會無事可做。反之，當第三組和第四組在著手工作時，第一組和第二組也將無所事事。因此，我們強烈建議教師們按部就班踐行以下所述程序，才能獲得最大的成效。

請全班同學就學生手冊第44～49頁所列的四項任務學習單上的問題，進行充分討論。教師可以影印發給每位學生本書第90～95頁的附錄G第8～11項的表格範例，讓同學先各自進行這項功課，然後在全班討論的時候，互相比較、討論，以及為自己的答案辯護。

請注意，這些功課中較難的部分，是如何用適當的文字起草一項公共政策議案，雖然學生手冊學習單「任務分組三：提出公共政策議案」中有一些指導原則，但仍舊可能不夠。第109頁附錄H學生講義6：「提出一項公共政策」中也有一些資訊，可以幫助同學們了解擬訂公共政策方案時需要注意哪些事項。

在全班同學都充分合作完成四項任務學習單後，教師便可以把全班分成四組工作團隊了。

團隊任務

◎ 班級專題資料檔案任務分組

和全班同學一起複習並討論學生手冊第50頁中四項任務分組的說明，請教師們運用其專業來決定，讓同學自己選擇想要的組別，或是由老師自行把班上分成四大組，但須注意每一組的人數必須相近。

◎ 複習公民行動方案專題研討的各項任務並詳述工作要點

確定每一組的學生都很清楚究竟要做些什麼，帶領各組一項一項仔細閱讀並討論學生手冊中所述每一組整體和各項特定的任務。

◎ 利用研究團隊蒐集到的資訊

在【步驟三】中研究團隊蒐集到的資訊，往往不只能提供一個專題工作團隊使用。為確認每個團隊都能得到所需的資訊，教師可以進行這個活動，讓各組輪流坐在全班同學面前：

a. 該組向大家報告其在專題中負責的問題，並予說明。每讀出一個問題後，要請其他組的同學就這個特定問題提供他們蒐集到的資訊。如有書面或影印的資料最好，可以很容易再複製提供給多組使用。

b. 每一個專案工作團隊都可以因此而使用得到的資訊，來完成學生手冊中指定的任務。

◎ 製作班級專題資料檔案

這個步驟由各組著手進行所分配到的任務開始，每一組任務所需的特別指示分別列在學生手冊的以下各頁：

● 任務分組一：說明問題（學生手冊第54～55頁）。
● 任務分組二：檢視得以解決問題的各項可行的政策（學生手冊第56～57頁）。
● 任務分組三：提出解決問題的公共政策議案（學生手冊第58～59頁（包括「憲法意

見表」））。

● 任務分組四：擬訂行動計畫（學生手冊第62～63頁）。

　　如果有任何一組沒有足夠的資訊可以完成指定的任務，老師、其他的同學和志工必須幫助這組的同學學習如何找到更多的資訊。

◉ 關於製作班級專題資料檔案的提醒

　　專題資料檔案是按照特定的指引，有目的性的整合全班學生的工作成果。這些指引與此專題檔案的主題、學科，以及評價的目的息息相關。在公民行動專題研討課程中，每一個專題檔案都是全班同學通力合作，針對某一個社區問題規劃出該如何處理的公共政策的工作成果紀錄。

◉ 在對班級專題資料檔案進行評估時，「作品的選定」是重要的項目。

　　不論班級專題資料檔案的成果展示或其文件資料，都不應是同學們在研究該主題的過程中所找到一切資料的累積，檔案中只需要包含那些能顯示學生們對被指派任務所盡的最大努力的資料，以及依他們最佳的判斷而決定為最具重要性的資料。每個獨立的展示板及相對應的文件資料，都應視為所有專題資料檔案的整體，必須一併列入評估。在完成整個專題資料檔案的時候也是一樣，四大任務的展示板和五個文件資料檔案都應視為一個相互關連的整體。

D 團體指導 ▶ E 詳細說明

各任務分組的個別指導，請參閱學生手冊第54～63的說明。

◉ 專題資料檔案的詳細說明

四個任務分組的工作成果，應共同結合成為全班的專題檔案。小組的工作內容有兩大項目：成果展示和文件資料製作。請詳細閱讀下列的說明：

a. 成果展示板部分

成果展示的部分包括四張海報板、珍珠板，或是其他類似的看板，每一張看板尺寸為全開。每組都必須製作一張自己的工作成果展示板，把四張看板並排連接放在桌上、貼在公告欄上或放在黑板架上。每件展示板都必須是單面的，如此四張板子可以折疊起來不致損傷整份的展示資料。

展示陳列的資料應包含書面陳述、資料來源列表、表格、圖形、相片和原創的美術作品等等。

b. 文件資料夾部分

每一組同學都必須從所蒐集來的資訊中，選出最好或是最能說明其研究內容的文件資料，將這些文件裝訂在活頁夾中。請同學用彩色頁來區分資料夾中的每個部分，其中還必須包含整體的目錄和每一部分的內容目錄。

文件資料的第五部分必須包含「步驟六：回顧學習經驗」中建議的事項，也必須用彩色頁區隔出來。

特別提醒

學生手冊中和上述對於專題檔案的詳細說明適用於針對地方、縣市和全國性的案例。如果班級這次的活動並不打算超出校園的範圍，教師可能需要對班上最後的專題檔案制定個別的指導原則和標準。

如前所述，雖然「步驟六：回顧學習經驗」有針對整個公民行動專題研討課程的回饋活動，每一個步驟完成後，就所學到的內容和過程進行回顧活動也非常重要。這裡的回顧活動必須把重點放在學習這個步驟的目標和已經進行的各項活動。以下是幾個對【步驟四】的回顧與省思：

①就各任務分組應負的責任，班上同學是否分工合作讓工作順利進行，準時完成？為什麼是或為什麼不是？
②你能不能順利的和任務分組中的隊友合作完成工作？為什麼能或為什麼不能？
③班上各任務分組的每位成員都能認真負責，準時完成份內的工作嗎？為什麼能或為什麼不能？
④有沒有哪些方法可以讓工作更有效率的完成？
⑤個人進行公民行動專題檔案比較好？還是團隊進行比較好？

● 教師妙招 ●

　　以下是一些曾經成功教授公民行動專題研討課程的老師們，提出來和大家分享的心得和建議：

全班同學應一起決定製作專題檔案的研究主題，並對檔案的顏色、字形、字體大小，以及其他與檔案外觀相關要素取得一致的意見，這樣全班才能作成統一的檔案和文件資料夾。

和學校中的其他老師合作設計班級資料檔案。例如：
● 邀請美術老師告訴學生們如何設計並製作外觀亮眼且容易閱讀的資料夾。
● 請數學老師幫助同學用圖形或圖表來呈現所得的資訊。
● 邀請資訊老師帶領學生學習製作各種有效易懂的圖形資料。

把班上分成數個工作團隊的方法很多，有些老師會讓同學們自己組隊，有些老師則偏好由老師來分組。不論你選擇哪一種方式，都要注意每一組的成員在能力和才藝上都能平均（例如：組長、聯絡人、主筆、美編、報告人……等）。

從每個工作團隊中各選出一位同學共同組成整個專題研討檔案的佈置小組，這個小組要負責決定最後哪些資料要放在展示板上，並確認展示板的內容具備完整的連續性。每個團隊必須提供佈置小組一個檢查清單，以確定有做到每項要求，例如，敘述各要件時引用的頁碼、圖片的文字說明、搭配每個展示板的圖片、資料來源等。

從班上選一位同學擔任照片編輯，負責蒐集所有班上同學認為在報告問題和解決的政策時會用到的照片。照片編輯負責拍攝每個任務分組會用到的相片，或是從其他來源蒐集適當的照片。

每個工作團隊必須各選一位同學擔任總編輯，確認每一項要陳列在展示板和文件資料夾的項目製作都正確無誤。總編輯也必須確定所有的繪圖和照片都附加了適當的文字說明，所有提出的資料來源和文件資料出處也都有完整的檢查清單。

所有活頁夾中的資料都要放在保護套內，在整個活頁資料夾完成之前，不需要急著編寫頁碼。可以請同學用的奇異筆在保護套上編寫號碼，如此便能易於增加新的資料而不須更改頁碼。把所有的資料放入活頁夾後，要整理列出每一個部份的內容目錄。

當整個專題檔案完成後，請同學們用學生手冊本第65頁（請同時參考本書第98頁附錄G）的「公民行動方案專題檔案報告評估表」，確定同學們已經完成所有重要的細節項目。讓每位工作團隊的同學檢查各組的成果展示板和文件資料夾中屬於該組的部份，再請各組用檢查表評估專題檔案中的其他部份。

（接下頁）

● 教師妙招 ●

（續前頁）

檢查學生的工作的最後一個步驟，便是邀請其他教師、家長、其他班級的同學，或學校行政人員來檢閱班上的成果展示板和文件資料夾，看看有沒有需要更正或修改的地方。

步驟五
Step ⑤

報告專題檔案

本課目標

先和同學們討論這堂課的課程目標，【步驟五】的目標是要讓學生們能：

- 從把自己的意見呈現給大家的過程中獲得寶貴的經驗

- 說服其他人認同所提出來的提案能有效的解決社區的問題

口頭報告 **深入提問**

口頭報告是要模仿公聽會的運作模式，這種方式常見於各地方、縣市或全國各地，由政府機關或專責單位舉行的各種公開的會議或聽證會。我們強烈建議各班都參與這項模擬公聽會，參與模擬公聽會也是提供同學們參與政府運作的一個管道。

公聽會一開始要先進行4分鐘的口頭報告，由四個任務分組向大家報告各組所負責的部分中最重要的訊息。

- 報告的內容必須根據專題檔案的內容和文件資料，但是不可以逐字唸專題展示板上的文案。
- 善用專題檔案中的圖表來強調重點。
- 只能引用專題檔案內提及的資料，同學們不能再臨時提出其他資料。例如，錄影帶、幻燈片、電腦模擬等。
- 開場報告完成後，評審委員會立即對各個團隊展開更深入的提問。

接下來的6分鐘由評審委員就各任務分組報告的內容，進行更深入的提問。這時，評審委員可能會問同學以下的問題：

- 請你們更進一步解釋或澄清提出的要點；
- 再針對某些特定要點舉例說明；
- 為自己的觀點或立場辯護；
- 請同學們說說看在這個過程中學到些什麼？還有沒有什麼問題或疑惑？在研究社區問題時，同學們覺得自己最重要的收穫是什麼？

在模擬公聽會中，各任務分組必須準備好在評審委員面前報告的各項陳述，並接受對於專題檔案內容更深入的質問。為了幫助各位同學準備好在公眾場合進行口頭報告，可以先讓他們在其他班級、師長們或班上的家長面前演練。

這項公聽會活動是用來評估表現的好方法，關於公聽會的特別指導原則，請參考學生手冊第66～69頁和本書的附錄B（第56～57頁）。

E 評估準則 ＞ F 停看聽

評審委員們會用附錄E「模擬公聽會評審委員指導原則」（本書第74～77頁）和附錄F「公民行動方案模擬公聽會評分表」（本書第78～79頁），來幫助他們進行聽證和評分的工作。

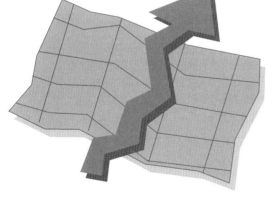

如前所述，雖然「步驟六：回顧學習經驗」有針對整個公民行動方案專題研討課程的回顧活動，每一個步驟完成後，就所學到的內容和過程進行課程回顧活動也非常重要。這裡的回顧活動必須把重點放在學習這個步驟的目標和已經進行的各項活動。以下是幾個回顧【步驟五】的問題舉例：

①當同學們在做口頭報告時，有什麼感覺？為什麼會有那種感覺？

②各工作小組是否順利合作，呈現出各組最好的工作成果？如果是，為什麼是？如果不是，為什麼不是？

③公聽會中的觀眾是否認真的看待同學們提出的報告，並認為同學們提議的政策是值得推薦給相關當局作參考呢？如果是，為什麼是？如果不是，為什麼不是？

④有沒有其他方法可以讓各工作小組的報告更有效率呢？

⑤參與這個「公民行動方案專題研討課程」，是否讓同學們更了解所在社區的公共政策的決策過程？是否讓同學們更有意願以公民的身分參與社區的問題解決程序呢？為什麼？

教師妙招

以下是一些曾經成功教授公民行動專題研討課程的老師們，提出來和大家分享的心得和建議：

 在對公眾或政府的決策制定機關進行正式的報告之前，要讓同學們充分的演練如何呈現和表達研究製作的專題檔案。同學們可以在另一個班級、學校的行政人員和教職員，以及曾經參與公民行動專題研討課程的同學面前輪流練習如何報告，這樣可以讓更多人參與報告，也讓更多的學生對所進行的專題得到更深的洞察和了解。

 讓同學們有機會交替練習負責報告的部分。例如，某位同學可能在隔壁班級報告專題檔案中「得以解決問題的各項可行的政策」的部份，但是在親師聯誼會時，則負責報告「擬訂行動計畫」的部分。這樣的做法可以幫助同學們對整個專題檔案有通盤的認識。

 同學們可以在進行報告時互相幫助。例如，一位同學在另一名同學陳述事項時，可以幫忙指出相關圖表。

 在口頭報告開場敘述的時候，不妨允許同學用提示卡來整理他們的思緒，但是必須要求同學不得直接照著卡片上的文字唸。

 在演練模擬公聽會時，儘量安排同學們報告的對象是願意寫信表達支持的團體，讓同學們擬訂的政策可以得到支持。這個步驟正可以成為行動計畫的一部分。

 在練習口頭報告時，務必要演練回答評審委員可能提出的問題範例。在進行報告的當天，請同學先把練習過的問題寫在提示卡上，事先交給評審委員。這樣可以幫助沒有經驗的評審委員，讓同學們有熟悉的問題可以回答。

 儘可能讓同學們在適當的政策決策團體或機關面前，呈現這份專題檔案。

 如果同學們真的有機會，得以在適當的政策決策團體或政府機關面前展現這份專題檔案，務必請同學們在報告結束後，立刻記錄自己的反應和課程回顧。不論整個過程的結果如何，同學們必須有心理準備，並不是第一次就能得到想要的結果，即使所提的政策建議沒有被接受，也不表示同學們在這件事情上失敗。

NOTES

步驟六
Step ⑥

回顧學習經驗

先和同學們討論這堂課的課程目標,【步驟六】的目標是要讓學生們能:

- 思考和回顧已經完成的公民行動專題檔案,以及製作此專題檔案的過程經驗。

- 學習未來進行其他專題檔案時,如何避免錯誤並能有更好的表現。

　　當同學們完成班級的公民行動專題檔案時，在文件活頁夾中必須再加入第五個部分，這個部分要引導同學們回答下列問題：

● 同學個人和全班各學到了些什麼？
● 同學個人和全班是怎麼學到的？
● 如果要再製作另一個公民行動專題檔案，同學們會有哪些不同的作法？

　　回顧學習的經驗和進行專題檔案的過程一樣，都應該是全班通力合作的成果。同學們應該個別記錄自己的回顧，也要同時思考身為各小組和整個班級的一員，在進行團體任務時的體驗。在完成最後一部分之前，如果能先在他人面前演練口頭報告，聽眾提出的問題和反應能提供相當重要的回饋，對同學們會有極大的助益。

　　請同學們回答學生手冊第72～73頁的「學習回顧評估表」中的各問題（請同時參考附錄G，第99～100頁）。作答完畢後，請大家進行下列各項活動：

① 帶領全班討論同學們的回答，並從其中整理出幾項共通點，寫在黑板或海報紙上。
② 按照整理出來的共通點，把同學們分成小組，每組負責深入詮釋其中一項，並尋找能支持這項論證的證據。
③ 把各組的成果交給負責記錄的小組，加以編輯整理，做成一份草稿，準備收錄在公民行動專題檔案報告的第五部分。
④ 全班同學需先檢查記錄小組製作的草稿內容，並提出改進或修正的建議。
⑤ 最後由記錄小組作草稿的總整理，然後收錄到專題檔案報告中。

教師妙招

以下是一些曾經成功教授公民行動專題研討課程的老師們，提出來和大家分享的心得和建議：

 除了同學個人的回顧外，請同學帶一張「學習回顧評估表」回家，和家人討論進行公民行動專題研討活動的心得，再請家人回答評估表上的問題。

 邀請和班上同學一起進行專題研討活動的人，對全班同學說明他們的觀察和自己的經驗。這些人包括：義工、提供資訊或面談的社區資源人士、學生們接洽的政府官員，或是學校中參與這項活動的教職員。

NOTES

附錄

附錄A：志工助教指導原則

一、協助的建議

◎ 協助工作進行和程序

　　幫助同學們了解製作公民行動專題檔案時，必須進行的每一個步驟內容，並在必要時，對同學們解說和專題檔案相關的工作項目，以及協助大家準備模擬公聽會。請先複習學生手冊第65頁的「公民行動方案專題檔案報告評估表」，能幫助同學們先自我評估已經完成的工作。

◎ 蒐集資訊

　　幫助同學們尋找可用的資源，說明如何能迅速有效率的蒐集資訊，例如，志工助教們可以幫助同學：
- 到圖書館找資料
- 使用電腦查詢適當的資訊，或是網路上有用的資源
- 善用電話簿或相關機關的網頁，查詢可以提供正確資源的政府官員、政府機關或適合的私人機構的資訊
- 聯絡可能可以提供適當資訊的社區人士
- 寫信或發電子郵件請求提供資訊
- 進行角色扮演，協助準備與資料來源的對象面談、採訪
- 提供進行面談、採訪的交通工具，或載同學到可以找到資料的地點

◎ 準備進行報告

　　教導學生們如何準備與進行公民行動方案專題檔案的口頭報告，協助安排在社區團體或政府機關舉辦成果發表會。

◎ 經驗的回顧

　　幫助同學們準備書面報告，說明他們從參與公民行動方案教育課程的過程中學到了什麼？把焦點放在獲得哪些新知識、學到了哪些公民的技巧，以及每個人身為公民、民主社會的代表，在態度和處理社區問題的方式上有什麼改變。幫助同學們回顧在整個過程中遇到了哪些問題，並進一步思考如果要再處理另一個公民行動專題時，同學們會不會有哪些不同的作法？

二、協助的限制

◉ 在蒐集資料上

不可幫助學生們：
- 替他們找資料
- 替他們寫信、發電子郵件或打電話
- 進行同學們應該自己作的研究

◉ 在準備專題檔案上

不可以幫學生們：
- 書寫專題檔案的內容資料
- 準備口頭報告的陳述稿
- 製作說明或其他繪圖資料
- 篩選專題檔案的內容資料

◉ 在準備口頭報告上

志工助教不能幫同學準備口頭報告。

這份指導原則和程序是要為公民行動方案專題報告發表會，提供一個全國一致的架構，因此希望這份指導原則和程序簡單、明白，並且容易使用。相信每位曾經參與各地區、縣市，以及全國發表會的人，都能認同這份定義簡潔清楚，對程序和專題檔案內容與模擬公聽會的評審要件統一的指導原則。

一、參與

公民行動方案課程的主要目標之一，是要鼓勵並擴大參與，讓學生們能從不同的角度和立場學習這項課程，包括學校裡的各班級，以及社區機關贊助的青年團體。這裡提到的班級是指參與這項課程的同學，都屬於一個特定的班級或是青年團體。同時，我們也希望大多數參與這個課程的同學或團體成員，年紀都是五年級到八年級之間，也就是大約十歲到十四歲之間。

二、發表會

成果發表會由「專題檔案成果展示和評估」和「模擬公聽會」兩大活動所組成，兩者都需要聘請社區中的成人擔任評審委員，利用本手冊中的指導原則和評分工具，來為學生們的研究成果打分數。

A. 專題檔案成果展示和評估

這個活動需要社區中的評審委員閱讀、分析和評估班級或青年團體提出的專題檔案。原則上，公民行動方案專題檔案的成果資料應在公共場合展示，而且在進行評分工作時，學生們不應在場。

B. 模擬公聽會

這個活動，是由製作公民行動方案專題檔案的學生或青年團體成員進行，負責專題檔案四個任務分組的每位成員，都應該要有上台做口頭報告的機會，並回答社區評審委員提出的問題。

發表會的程序

① 專題檔案資料夾

專題檔案應包含兩大部分：四張成果展示板和一個文件資料夾。

成果展示板應包含下列各項目：

● **四張成果展示板**，不管是用海報、珍珠板或其他材質的看板，每一張看板的大小為全開。專題檔案四大部分的每一個部分，都必須有一個展示板來展示它的成果。每張展示板中應包含：

◆ 選定的主題的書面陳述
◆ 各種圖形說明
◆ 資料來源列表

　　文件資料夾中應包含下列各項目：
● **活頁夾內放置五個部份的文件資料；各部分之間要用彩色頁隔開，並貼上分頁標籤**
● **全部的內容目錄和各部分的內容目錄**
● **每個工作小組蒐集到的最重要、最能支持其論證的資料影本**
● **第五部分應包括班級自己的評估和對此活動的經驗回顧**

② 模擬公聽會

　　參與的同學們要在模擬公聽會中進行口頭報告，這是公民行動專題研討課程中極為重要的學習經歷。教師們應該儘量找機會，讓同學們在社區的成人們面前演練模擬公聽會。這樣的口頭報告方式，也可以在其他班級、家長、成人、社區團體（例如，像親師聯誼會、扶輪社等等）前舉行。這項活動可以讓學生們獲得如何在別人面前表達意見，並說服聽眾採納重要的公共政策議題的寶貴經驗。學生手冊第66～69頁【步驟五】：「報告專題檔案」特別強調在進行口頭報告時，同學們應設定的目標和應遵守的程序。

● 在製作專題檔案和準備模擬公聽會時，每個班級或青年團體的成員要分成四個任務小組，分別負責專題檔案的四大部分。
● 每個任務分組要準備4分鐘的口頭報告，說明各組所研究的問題和結論。接下來，每組有6分鐘時間回答社區評審委員們提出的問題。
● 要請一位大人擔任計時員，在報告的時間剩1分鐘，以及回答問題的時間剩1分鐘時，發出訊號提醒同學。
● 針對4分鐘的工作成果報告，同學們可以先製作書面的提示卡，但是後面回答問題的時候就不能看提示。
● 同學們在進行口頭報告時，可以引用專題檔案中任何部分的內容，不限於自己這一組的範圍。

計時員

　　在每一場模擬公聽會中，都需要一位成人擔任計時員。這位計時員不能同時是學生口頭報告的評審委員，而且必須嚴格遵守每項專題檔案報告10分鐘的時間限制（4分鐘報告工作成果，6分鐘回答問題。）當剩下1分鐘時，計時員可以舉牌提醒進行報告的同學。當10分鐘時間到時，計時員應該大聲宣布「時間到」，讓同學們停止發言。

③ 選擇評審委員

在為同學們的專題檔案的成果評估和模擬公聽會選擇評審委員時，可以參考下列各事項：

● 在專題檔案成果報告時，每三個班級專題檔案，就應有一個由3位成人組成的評審團，來評估同學們的工作成果。

● 評審委員們應該對政策制定程序、現今的公共政策議題，以及對公民教育與公民行動有非常豐富知識的人所組成。

● 評審委員們應包括知名且知識豐富的社區成員，可能服務於政府部門或私人機關，許多不同領域的人都可以是評審委員的候選人，例如：

　◆ 現任教師或退休教師

　◆ 大學教授

　◆ 民選或指派的政府官員

　◆ 記者或專欄作家

　◆ 律師、法官或其他執法人員

　◆ 社區機構成員（例如：婦女團體、扶輪社、社區營造團體）

　◆ 曾經參與「我們・人民─公民行動方案研討課程」的青年學生。

④ 提供資料

教師必須提供每位評審委員一份公民行動方案學生手冊，以及下列各資料的影本：

● 「公民行動方案專題檔案發表會評審委員指導原則」（附錄C，第61頁）

● 「公民行動方案專題檔案評量表」（附錄D，第72～73頁）

如果同學要進行口頭報告，評審委員還需要下面各項資料：

● 「模擬公聽會評審委員指導原則」（附錄E，第74.頁）

● 「公民行動方案模擬公聽會評分表」（附錄F，第78～79頁）

⑤ 成果評估

教師應和擔任學生成果評估的評審委員舉行會議，仔細回顧公民行動專題研討課程的整體目的，並特別注意學生的特質，請評審委員們能適當的評估同學們的工作成果。

請和專題檔案的評審委員們一起回顧：

● 「公民行動方案專題檔案發表會評審委員指導原則」（附錄C，第61頁）

● 「公民行動方案專題檔案評量表」（附錄D，第72～73頁）

如果同學要進行口頭報告，請和專題檔案的評審委員們一起回顧：

● 「模擬公聽會評審委員指導原則」（附錄E，第74頁）

● 「公民行動方案模擬公聽會評分表」（附錄F，第78～79頁）

請向評審委員們強調，同學們需要正面積極的鼓勵，請他們提供有建設性的建議，讓同學們知道如何讓專題檔案和口頭報告表現得更好。

　　一般的原則是，每三個專題檔案，需要一組由3位評審組成的評審委員會評審。每個專題檔案大約需要45分鐘來審閱和評分，每次口頭報告則須大約1小時的時間。

　　舉例而言，如果有十五個公民行動專題檔案需要評估，至少需要五組評審委員會，亦即共15位評審，每組評審委員會負責評審三個不同的專題檔案內容，或三組不同的口頭報告。

　　如果可以，最好是每個專題檔案都能經由兩組評審委員會（也就是6位不同的評審員）評估，每場模擬公聽會報告也能經由兩組委員會評審。

　　評審程序結束後，教師應蒐集評審委員們的評分單，對各專題檔案和模擬公聽會的成果評分，應該加總各評審委員的評審成績後，除以參與評審的委員人數，即為同學們的平均分數。

　　同學們的平均分數，按照不同的等級，可以作為班級參與專題檔案和模擬公聽會的成果參考。公民教育中心建議分數等級如下：

成就等級	平均分數
特優	41～50
優等	31～40
傑出	21～30
榮譽獎	0～20

範例

成就等級	平均分數
一號評審委員	總分38
二號評審委員	總分36
三號評審委員	總分40
	總計114
114÷3=38（優等）	

⑥ 評審之後
　　請教師將所有的參與者集合起來，包括學生、老師、家人和朋友們，告訴大家評審的結果。
● 頒發證書給每位參與的同學，證書上要有每位同學的姓名，並由學校行政人員或老師簽署。
● 也可以為參與的班級製作小型的獎盃或獎牌。
● 如果可以，由學校校長，或是邀請一位知名的社區人士來頒發證書，並對大家再次簡短的強調公民參與社區公共政策制定過程的重要性。

　　這套互動式的公民行動專題研討教育課程的目標，是要讓青少年能積極參與社區裡的公民活動，而「公民行動方案專題檔案發表會」是整個課程的高潮。在公民行動方案課程中，參與的學生團體能辨識和分析社區（學校、街坊鄰里、鄉鎮、城市或全國）中面臨的議題。學生們以團體為單位，選出一個議題進行詳細的研討，然後提出一項公共政策來處理這個議題。接下來就是擬訂行動計畫，詳細安排行動步驟，好讓提出來的公共政策提案能被適當的政府機關採納，最後，大家把整個研究整理成為一份完整的專題檔案。

　　製作公民行動專題檔案，學生們需要分成四個任務分組，每組負責一個部分，各組的主要工作內容如下：
● 任務分組一：說明問題
● 任務分組二：檢視得以解決問題的各項可行的政策
● 任務分組三：提出公共政策議案
● 任務分組四：擬訂行動計畫

　　以下的資訊可以幫助教師評估公民行動專題檔案的各部分。公民行動專題檔案有兩大部分：「成果展示」和「文件資料夾」，應該一併評估這兩部分。因此，教師可以利用「公民行動方案專題檔案評量表」（附錄D，第72～73頁）作為評量的工具。「公民行動方案專題檔案評量表」共分成五個部分，包括：專題檔案四大任務分組的評估項目表，以及學生工作成果的整體評量項目表。

　　以下是四個任務分組中，有關成果發表和資料整理裝訂成冊的資訊。

NOTES

任務分組 ①

說明問題

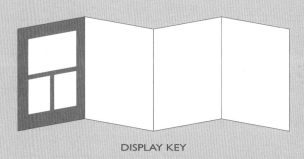

DISPLAY KEY

成果展示部分 文件資料夾部分

第一部分的成果展示必須詳細解說所選的議題，以及如此選擇的理由。同學們要用1～2頁的書面簡報，仔細描述這個議題，並說明同學們從中學到了什麼。可以加入相關的圖片、相片、說明或卡通圖畫，對引用的資訊也都必須註明出處。

同學們應將書面簡報貼在成果展示板上，其中必須包括：

● 清楚說明同學們選出來要進行研究的議題的本質。
● 這個議題的嚴重程度和範圍大小。
● 哪些政府層級或專責單位應該要負責處理這個議題。
● 指明哪些個人或團體對這個議題也可能有參與處理的責任。
● 指明社區中對這個議題有哪些不同的看法。
● 政府是否已經有政策在處理這個議題
● 如果已經有因應的政策，這些政策恰當嗎？

第一部分的文件資料夾中，同學們必須將所進行的研究做成檔案文件，包括所有具支持力的資料。除了內容目錄外，這個部分還要包含能支持團隊的工作成果的證據，例如以下各項：

● 「問題確認與分析表」（附錄G，第81頁）。
● 「訪談表」摘要。
● 相關報章雜誌的報導。
● 完整的廣播、電視、網路或書面的資料。
● 其他具支持力的相關文章或報導。

任務分組 ②

檢視得以解決問題的各項可行的政策

DISPLAY KEY

成果展示部分 **文件資料夾部分**

這個步驟的成果展示必須針對2～3個由其他團體或個人提議可替代的公共政策提案,提出詳細說明和評估。如果已經有既有的政策在處理這個議題,還必須說明這個政策的成效如何。可以加入相關的圖片、相片、圖表說明,或卡通圖畫,對引用的資訊也都必須註明出處。

這裡的成果展示必須包括對每一個替代政策,製作一頁的書面摘要。每一份摘要必須包含下列各項資訊:

● 如果有既有的政策,說明並評估其成效(包括:優點和缺點)。

● 詳細說明得以解決問題的各項可行的政策,以及該政策的優勢和劣勢。

● 說明公共政策提案的來源(例如,公民個人、特殊利益團體、立法機關或市議會)。

在這部分的文件資料夾中,同學們必須把所做的研究建檔,包括所有具支持力的資料。除了內容目錄外,這個部分還要包含能支持團隊工作成果的證據,例如以下各項:

● 如果已經有因應政策的話,一份完整的政策內容。

● 從特殊利益團體或個人發出的信件或備忘錄。

● 社區中公開流通的資料。

任務分組 ③

提出公共政策議案

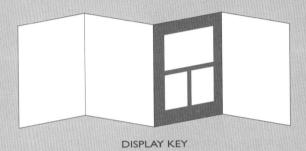

DISPLAY KEY

這部分的成果展示，必須清楚說明，針對同學所選議題的特定公共政策提案，以及班上同學同意支持這些提案的理由。班上同學可能會選擇支持既有政策、修正既有政策、創制新政策，或支持前一步驟中提出的某項可行的方案。可以加入相關的圖片、相片、圖表說明或卡通圖畫，對引用的資訊也都必須註明出處。

這個部分的成果發表必須包含一份1～2頁的書面摘要，其中需包含下列事項：

● 說明班上提出的公共政策，以及為什麼這個政策是處理這個議題最好的方法。
● 列出這個公共政策的優點和缺點，並用現有的資料作佐證，包括指出會受到這個政策影響的個人或團體，以及可能受到怎樣的影響。
● 用理性的陳述指明應該負責執行這項公共政策提案的政府機關或專責單位。
● 說明為什麼提出的公共政策議案沒有違反憲法。

在第三部分的文件資料夾中，同學們必須把所做的研究建檔，包括所有具支持力的資料。除了內容目錄外，這部份還要包含能支持團隊的工作成果的證據，例如以下各項：

● 「憲法意見表」（附錄G，第96～97頁）。
● 任何可能適用的法律、規則或準則。
● 一份現有的政策或法律，或是新的或修正後的政策或法律架構。
● 其他相關具支持力的文章或報導。

任務分組 4

擬訂行動計畫

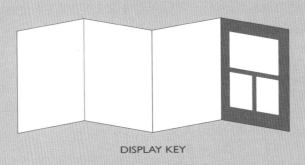

DISPLAY KEY

這部分的成果展示應提供詳細的敘述，說明能讓政府機關或專責單位採納並執行提議的公共政策的必要程序。這個計畫應包括讓提議的公共政策獲得社區支持的步驟，還要有一個如何執行所提公共政策的詳細計畫。可以加入相關的圖片、相片、圖表說明或卡通圖畫，對引用的資訊也都必須註明出處。

書面摘要中應包含下列資訊：
● 清楚說明班級如何讓政府官員贊成並支持提議的公共政策。
● 清楚說明班級如何讓特殊利益團體、社區團體、企業，或有影響力的人贊成並支持提議的公共政策。
● 找出可能會反對這項政策和行動方案有影響力的人、企業、特殊利益團體或政府專責機關，並說明他們會反對的理由。
● 如果可能，估計執行行動方案所需的代價和時間。

在第四部分的文件資料夾中，同學們必須把所做的研究建檔，包括所有具支持力的資料。除了內容目錄外，這部分還要包含能支持團隊工作成果的證據，例如以下各項：
● 關於贊成或反對的書面資料。
● 宣傳資料。
● 有影響力的人或政府官員的來函。
● 其他相關具支持力的文章或報導。

課程回顧

這部分只包含在文件資料夾中。公民行動方案課程最後的步驟，就是要同學們回顧這個學習經驗。

文件資料夾內應收錄同學們簡短的敘述或信函，表達他們從公民行動方案課程中學到了些什麼，其中需包含對公共政策和政策制定過程的認識和學習。同學們必須說明這套課程如何幫助他們更加了解政府官員和公民的角色。最後，同學們還須反思，如果要再進行一次相同的活動，會不會有哪些不同的做法？

如果學生們有機會在模擬公聽會中，對著觀眾展現這份公民行動專題檔案，務必要將學習經驗回顧包含在內。

附錄D：公民行動方案專題檔案評量表

公民行動方案專題檔案有兩大組合元素：四個任務分組的成果展示板和文件資料夾。在對專題檔案進行評量時，請引用下頁中的各項目，同時評估這兩大組合元素。

請用以下的評分表來評量公民行動方案專題檔案，每部分都只能從1分到10分：

成果級別	平均分數
特優	9～10
優等	7～8
普通	5～6
低於平均	3～4
不及格	1～2

◎ 公民行動方案專題檔案評量表 ◎

組別	評審項目	分數	評語
	評審委員		
	教師		
	學校		
	說明問題		
1	● 敘述問題、說明原因，並證明問題的確存在		
	● 展現對該問題相關爭議的了解		
	● 展現對既有的公共政策或政策提案的了解		
	● 說明社區中對這個問題有沒有不同意的意見		
	● 說明為何這個問題需要政府出面解決		
	● 在展示板和資料夾中提供相互支持論證的資料		
	檢視得以解決問題的各項可行的政策		
2	● 提出二到三個處理該問題的可行的公共政策		
	● 說明每個可行的政策方案的優點和缺點		
	● 指出每個可行的政策中矛盾或衝突的地方		
	● 在展示板和資料夾中提供相互支持論證的資料		
	提出公共政策議案		
3	● 描述處理問題的公共政策並找出負責制定相關法律或政策的政府機關或專責單位		
	● 說明支持這個政策的理由和證據		
	● 說明這個政策的利弊		
	● 證明其不牴觸憲法		
	● 在展示板和資料夾中提供相互支持論證的資料		
	擬訂行動方案		
4	● 列出需要被說服的民間團體、個人（包括支持者或反對者）		
	● 列出需要被說服的政府官員或部門（包括支持者或反對者）		
	● 寫出如何讓政策通過立法的行動計畫		
	● 展示板上明白顯示擬訂的行動計畫的基礎		
	● 在展示板和資料夾中提供相互支持論證的資料		
	整體評估		
整體表現	● 在展示板和資料夾中提供相互支持論證的資料		
	● 成果展示板上的資料有清楚的順序又具說服力		
	● 援引各種不同來源的資料並做成檔案，清楚註明資料和證據的出處		
	● 書寫整齊		
	● 圖文並茂		
	● 檔案整體的視覺效果具吸引力		
	● 能同時反應同學們的學習心得的證據（以記錄資料夾呈現）		

公民行動方案課程中的模擬公聽會是這個教學課程的高潮，這套互動式公民教育課程的目的是要幫助青少年能參與社區的公民生活。在公民行動方案課程中，一群青少年尋找和分析社區（學校、街坊鄰里、鄉鎮市或全國）面臨的各項問題，選擇其中之一來進行詳細的研究，然後提出一項公共政策來處理這個問題。最後，還要擬訂一項行動方案，詳細列出可行的步驟，好讓提出的公共政策能被主管機關採納。

模擬公聽會（口頭報告）的目的是要教導學生提出、分析、捍衛自己的想法和意見，並想辦法影響社區的決策制定者採納這些意見。

進行模擬公聽會時，班上同學們分成四個任務小組，每個小組負責進行公民行動專題檔案的一部分。每組的主要任務和責任如下：
任務分組一：說明問題
任務分組二：檢視得以解決問題的各項可行的政策
任務分組三：提出公共政策議案
任務分組四：擬訂行動方案

每個任務分組要準備一份4分鐘的口頭報告，接下來的6分鐘要接受教師或其他評審委員的提問，也就是每個小組在評審團前接受審查的時間共有10分鐘。所有小組都報告完畢後，教師和其他的評審委員都要給同學們建設性的正面回饋（請參考第77頁的「回饋」部分）。

以下的資訊能幫助教師對每組更深入的提問。請記住，這些問題只是用來作為參考指南，幫助引發更多的想法和資訊，或是更詳細演繹剛才報告中提出的資訊。

深入提問的目的和引導性問題，是要幫助教師確定同學們對所提的問題、調查和蒐集的資料，以及解決問題的程序究竟了解多少，你對學生們學習和提議的內容了解愈多，就愈能適當評估他們的成果報告。

以下的資訊能幫助教師適切的評估四組的成果報告。全班同學根據一起研究的結果做成一個專題檔案資料，檔案有兩個部分：「成果展示」和「文件資料」，兩部分合成完整的專題檔案。學生們的陳述和對評審委員深入提問的回答都必須根據專題檔案的內容。你對學生的報告必須用附錄F「公民行動方案模擬公聽會評分表」（第78～79頁）的五個部分來評量學生們的報告，其中各有一部分是針對四個任務分組的成果報告和文件資料夾作評估，另一部分則是針對同學們整體的表現打分數。

說明問題

第一組必須詳細說明班級選出的議題，以及為什麼會選定這個主題的原因，在準備進行公聽會的陳述時，小組必須能詳細描述議題的範圍和對社區的影響。

可能在深度提問中被質詢的問題包括：

● 在社區中這個議題範圍有多廣？
● 社區中其他人認為這個議題重要嗎？你怎麼知道？
● 到目前為止，公眾如何回應這個議題？
● 你用哪些資源來研究這個議題？
● 進行研究之後，你是否對這個議題有更深入的了解和學習？
● 你認為哪個政府部門應該要處理這個議題？為什麼？
● 現在有沒有任何政策、規範或法令在處理這個議題？他們可以適切的解決問題嗎？為什麼？

檢視得以解決問題的各項可行的政策

第二組必須說明解決特定議題的現有政策或是其他替代政策。在有些問題上，並沒有具體可行的公共政策存在，所以同學們必須擬訂公共政策的替代政策來處理這個問題。

同學們的陳述應同時包括：既有政策與提議政策的優點和缺點。如果沒有既有的政策，同學們必須說明有哪些可行的公共政策提案正在考量中，或是班上同學、社區團體、特殊利益團體、正式的委員會或立法機關有哪些替代政策提案。每一項政策或提案的優缺點都必須提出討論。

可能在深度提問中被質詢的問題包括：

● 你們從哪裡找到既有的政策或是提案的政策？
● 在檢視得以解決問題的各項可行的政策後，你們對這個議題有沒有學到更多？
● 如果現在已經有處理的政策，為什麼需要改變？
● 哪些團體或個人支持現有的政策或是提案的新政策？他們支持的理由是什麼？
● 哪些團體或個人反對改變現有的政策或是提案的新政策？他們反對的理由是什麼？
● 是否還有其他的政策或解決方案沒有包含在你們的公民行動專題檔案中或簡報中？如果有，內容為何？為什麼被你們排除在外？

提出公共政策議案

　　第三組必須說明班上同學提出的政策或解決方案。這個小組的說明必須包括：清楚分析為什麼要修正現有的政策、刪除既有政策或執行新政策。如果可能，同學們應製作成本分析。同時小組也必須解釋所提出的新政策並沒有牴觸憲法的規定。

　　可能在深度提問中被質問的問題包括：

● 提出的新政策是屬於哪一個政府部門或專責單位的職權範圍？為什麼？
● 你們是否有考慮到執行這項政策所需的費用？為什麼？如果有，全部經費是多少？其中包括哪些費用？
● 這些經費要從哪裡來？除了金錢以外，還需要哪些資源？
● 政府機關或私人企業有責任去改善問題或協助執行提出的新公共政策嗎？

擬訂行動方案

　　第四組必須詳細介紹如何讓主管機關採納政策提案的各個步驟。小組的陳述必須包括：需要多久時間才能讓提案被採納和執行。

　　可能在深度提問中被質問的問題包括：

● 支持你們提案的團體或個人，如何協助你們來影響或說服主管機關採納你們的提案？
● 還有其他的團體或個人也可能會支持你們建議的解決方案或提案嗎？他們為什麼可能會贊同你們呢？
● 哪些團體或個人反對你們建議的解決方案或提案？他們反對的理由有哪些？
● 對那些反對你們提案的團體或個人的論點，你們會如何回應？
● 執行這項提案須花多久時間？
● 你們期望執行這項提案之後會有什麼結果？
● 如果你們的提案沒有被採納，會發生什麼結果？

如果可以，以下這些整體性的問題對任何一組都可以發問：

- 你們引用的「法律案例」，如何可以支持你們的論證？
- 在參與公民行動方案課程後，你學到哪些和主管機關相關的事情？
- 在參與公民行動方案課程後，你學到哪些和現在社區中面臨的問題相關的事項？

公民行動方案課程中的模擬公聽會是課堂學習的延伸，因此，也提供教師另一種機會，來幫助學生們了解制定公共政策的複雜過程。在每個小組報告展示各組的任務成果後，教師需要回顧學生們的各項表現。教師的評論必須簡短但是要有建設性，可以稱讚學生們的作品，幫助他們從過程中學習。

一定要先稱讚學生們的成果，然後再加入可以如何改善的實例，例如，教師可以說：「我很欣賞你們說明問題的敘述方式，我會建議你們加入更多關於究竟有多少人受到這個嚴重問題影響的統計數據資料。」

毫無疑問的，學生們在成果報告中一定會犯錯。在給予回饋的時候，請務必很有技巧的用很敏銳又有禮的方式提出更正。例如，「你們的報告中引用了在『紐澤西州政府訴T.L.O』這個案件中最高法院的判決。這個案子是關於憲法第四修正案禁止非法搜索和逮捕的原則。但因為你們的報告是關於言論自由，不妨考慮是否改成『廷克訴德莫校區獨立委員會』這個案例。」（請見附錄I 參考資料）

附錄F：公民行動方案模擬公聽會評分表

公民行動方案模擬公聽會提供學生們在公開論壇上，分享從社區問題學到些什麼，以及從制定公共政策的過程中如何提出解決方案的經驗。這樣的成果報告由四組同學進行，每一組各負責提出他們整組的研究成果和提議的公共政策。

教師們在評量每個小組時，要用第79頁的「公民行動方案模擬公聽會評分表」來為各組評分，每個部分的給分都為1～10分：

成果級別	平均分數
特優	9～10
優等	7～8
普通	5～6
低於平均	3～4
不及格	1～2

● 公民行動方案模擬公聽會評分表 ●

任務分組	評審項目	分數	評語
	說明問題		
1	● 敘述問題、說明原因，並提出證據證明問題的確存在		
	● 展現對該問題相關爭議的了解		
	● 展現對現有的公共政策或政策的提案的了解		
	● 說明社區中不同意這個問題的爭議		
	● 說明為什麼這個問題需要政府出面解決		
	分析得以解決問題的各項可行的政策		
2	● 針對問題提出二到三個可行的替代公共政策		
	● 說明每個替代政策的優點和缺點		
	● 指出每個替代政策中矛盾或有衝突的地方		
	擬訂的公共政策和其說服力		
3	● 陳述一項能處理該問題的公共政策，並指明哪一個政府單位或專責機關必須負責執行該公共政策		
	● 用說理和證據來支持所提出的公共政策		
	● 指出並解釋所提公共政策的優點和缺點		
	● 說明為什麼所提之公共政策符合憲法的規定		
	行動計畫的執行		
4	● 舉出需要影響的個人或團體，不論原來是支持還是反對這項政策		
	● 舉出需要影響的政府官員，不論原來是支持還是反對這項政策		
	● 條列說明如何讓提案成為公共政策的行動步驟		
	● 提出採取行動的證據		
	公聽會整體表現		
整體表現	● 從一個階段到下一個階段之間有清楚並具說服力的順序		
	● 援引各種不同來源的資料並作成檔案，清楚註明資料和證據的出處		
	● 專題檔案內容的文字流暢		
	● 引用相關且合宜的圖表或書面資訊		
	● 說理清晰，圖文並茂		
	● 在報告時能妥善分配每位組員的上台演說時間		
	● 能同時反應同學們的學習心得的證據		
總分			

評審委員

教師

學校

附錄G：表格範例

　　學生手冊中都有同學們在課程中會用到的表格，為能讓更多班級使用這套教材，在此提供可影印複製的表格樣張。

　　和同學們討論每一份表格，複習先前同學們如何用這些表格蒐集資訊。如有需要，請影印表格並發給同學。

● 問題確認與分析表 ●

小組成員姓名：

日期：

問題：

1.你和社區中的其他人都認為這個問題重要嗎？為什麼？

2. 哪個層級的政府或是政府機關應該負責處理這個問題？

3. 現在政府有處理這個問題的政策嗎？

如果有政策，請回答下列問題：
- 這項政策有哪些優點和缺點？

- 這項政策可以如何改進？

- 這項政策需要汰換嗎？為什麼？

- 如果社區中有人不同意這項政策，有哪些理由？

4. 可以從哪裡找到更多關於這個問題的資訊，以及更多個人或團體的不同立場和意見？

5.在社區中還有哪些問題也適合在班上進行案例研討呢？

● 訪談表 ●

你的姓名：

日期：

問題：

I. 訪談對象的姓名：

注意：如果訪談對象希望保持匿名，需尊重其個人的隱私，僅記載訪談對象在社區中扮演的
　　　角色或職責（例如：商人、退休人士、家長、學生、社區志工）。

2. 告訴受訪談者你正在研究的問題，然後請對方回答以下各問題，並將答案記下來。

（a）你覺得這個問題重要嗎？為什麼？

（b）你認為社區中的其他人也相信這是一個重要的問題嗎？為什麼？

（c）政府現在有處理這個問題的政策嗎？

如果有政策，請回答下列問題：

● 這項政策有哪些優點？

● 這項政策有哪些缺點？

● 這項政策可以如何改進？

● 這項政策需要汰換嗎？為什麼？

● 如果社區中有人不同意這項政策，有哪些理由？

（d）我（或我們班）可以在哪裡找到更多關於這個問題的資訊，以及人們對這個問題的
　　　不同立場和意見？

● 書面資料表 ●

你的姓名：
日期：
問題：
書刊名稱／出版日期：
文章標題

1. 文章中對本問題採取什麼立場？

2. 這篇文章所採取立場的主要論點是：

3. 根據其內容，政府現在有處理這個問題的政策嗎？

　如果有政策，請回答下列問題：
　●這項政策有哪些優點？

　●這項政策有哪些缺點？

　●這項政策可以如何改進？

　●這項政策需要汰換嗎？為什麼？

　●如果社區中有人不同意這項政策，有哪些理由？

● 電子媒體資料表 ●

你的姓名：
日期：
時間：
問題：

1. 資料來源：

（請填寫網站、電視或廣播的新聞節目、紀錄片，或是其他論述這個問題的節目名稱。）
從這些來源蒐集資料時，請考慮下面的問題：

2. 大家認為這個問題重要嗎？為什麼？

3. 政府現在有處理這個問題的政策嗎？

如果有政策，請回答下列問題：
● 這項政策有哪些優點？

● 這項政策有哪些缺點？

● 這項政策可以如何改進？

● 這項政策需要汰換嗎？為什麼？

● 如果社區中有人不同意這項政策，有哪些理由？

◉ 書刊或電子資訊紀錄表 ◉

研究小組成員姓名：

日期：

進行研究的問題：

造訪的圖書館、辦公室、專責單位或網站名稱：

1. 資訊來源：

　（a）書刊／網站名稱：

　（b）作者（如果有，請註明）：

　（c）出版／網站取用日期、網址：

2. 從書刊／網站上獲得的資訊，儘可能回答以下的問題：

　（a）在你的社區中，這個問題有多嚴重？

_____

_____

　（b）這個問題在各地或全國有多普遍？

_____

_____

　（c）請回答下列問題：

　　　● 你認為目前是否有因應這個問題的法律或政策？　　　□是　　□否

　　　● 如果有，你認為目前處理這個問題的法律是否恰當？　□是　　□否

　　　● 目前處理這個問題的法律是恰當的，但執行不力？　　□是　　□否

　（d）哪一個層級的政府機關或專責單位應該負責處理這個問題？他們現在如何處理？

_____

_____

_____

　（e）社區中對於因應這個問題的政策或處理方式，有沒有什麼反對聲浪？

_____

_____

_____

（接下頁）

● 書刊或電子資訊紀錄表 ●

（續前頁）

（f） 有哪些重要的人、團體或組織對這個問題表示意見？

●為什麼他們對這個問題有興趣？

●他們採取何種立場？

●他們的立場有什麼優點和缺點？

●他們如何影響政府在這個問題上採納他們的觀點？

（g） 我和班上同學該如何取得更多關於他們立場的資訊？

● 書信或訪談資訊紀錄表 ●

研究小組成員姓名：

日期：

進行研究的問題：

I. 資訊來源：

  （a） 姓名：

  （b） 機構名稱：

  （c） 地址：

  （d） 電話：

2. 在以信件或電話自我介紹後，向對方詢問下列與問題相關的資訊：

  （a） 在你的社區中，這個問題有多嚴重？

  （b） 這個問題在各地或全國有多普遍？

  （c） 為什麼你認為這個問題應由政府處理？還有其他人也有責任來處理這個問題嗎？為什麼？

  （d） 請回答下列問題？
  - 你認為目前是否有因應這個問題的法律或政策？　　　□是　□否
  - 如果有，你認為目前處理這個問題的法律是否恰當？　□是　□否
  - 目前處理這個問題的法律是恰當的，但執行不力？　　□是　□否

  （e） 哪一個層級的政府機關或專責單位該負責處理這個問題？他們現在如何處理？

（接下頁）

● 書信或訪談資訊紀錄表 ●

（續前頁）

（f）　社區中對於因應這個問題的政策或處理方式，有沒有什麼反對聲浪？

（g）　有哪些重要的人、團體或組織對這個問題表達意見？

●為什麼他們對這個問題有興趣？

●他們採取什麼立場？

●他們的立場有什麼優點和缺點？

●他們如何影響政府在這個問題上採納他們的觀點？

（h）　如果班上發展出一項可以處理這個問題的政策，我們可以怎樣說服政府採納我們的政策？

● 資料分析和評估紀錄表 ●

對每一項有助於製作班級資料檔案所蒐集到的資訊，請附註下列事項：

1. 資料名稱／標題：＿＿＿＿＿＿＿＿＿＿＿＿＿＿＿＿＿＿＿＿＿

    作者（如果有，請註明）：＿＿＿＿＿＿＿＿＿＿＿＿＿＿＿＿＿

    來源（從哪裡獲得）：＿＿＿＿＿＿＿＿＿＿＿＿＿＿＿＿＿＿＿

    日期：＿＿＿＿＿＿＿＿＿＿＿＿＿＿＿＿＿＿＿＿＿＿＿＿＿＿

2. 把在這份資料裡面提到和問題相關的重要資訊，寫成一份簡短的摘要。

＿＿＿＿＿＿＿＿＿＿＿＿＿＿＿＿＿＿＿＿＿＿＿＿＿＿＿＿＿＿＿＿

＿＿＿＿＿＿＿＿＿＿＿＿＿＿＿＿＿＿＿＿＿＿＿＿＿＿＿＿＿＿＿＿

＿＿＿＿＿＿＿＿＿＿＿＿＿＿＿＿＿＿＿＿＿＿＿＿＿＿＿＿＿＿＿＿

＿＿＿＿＿＿＿＿＿＿＿＿＿＿＿＿＿＿＿＿＿＿＿＿＿＿＿＿＿＿＿＿

＿＿＿＿＿＿＿＿＿＿＿＿＿＿＿＿＿＿＿＿＿＿＿＿＿＿＿＿＿＿＿＿

3. 這項資料可適用於：

    ● 問題說明　　　　　　　　　　● 公共政策提案
    □ 展示板　　　　　　　　　　　□ 展示板
    □ 文件資料區　　　　　　　　　□ 文件資料區

    ● 得以解決問題的各項可行的政策　● 行動計畫
    □ 展示板　　　　　　　　　　　□ 展示板
    □ 文件資料區　　　　　　　　　□ 文件資料區

4. 簡短說明你的選擇。

＿＿＿＿＿＿＿＿＿＿＿＿＿＿＿＿＿＿＿＿＿＿＿＿＿＿＿＿＿＿＿＿

＿＿＿＿＿＿＿＿＿＿＿＿＿＿＿＿＿＿＿＿＿＿＿＿＿＿＿＿＿＿＿＿

＿＿＿＿＿＿＿＿＿＿＿＿＿＿＿＿＿＿＿＿＿＿＿＿＿＿＿＿＿＿＿＿

＿＿＿＿＿＿＿＿＿＿＿＿＿＿＿＿＿＿＿＿＿＿＿＿＿＿＿＿＿＿＿＿

＿＿＿＿＿＿＿＿＿＿＿＿＿＿＿＿＿＿＿＿＿＿＿＿＿＿＿＿＿＿＿＿

● 任務分組（一）：說明問題 ●

你和同學要做的第一件事，就是要清楚說明選出來的問題、解釋為什麼這個問題很重要、社區中哪些人或團體對這個問題有興趣，以及哪個政府機關應該要負責處理這個問題。為了完成這項任務，你必須回答下列問題：

1. 你和同學想要研究什麼問題？

2. 這個問題在社區裡有多嚴重？

3. 這個問題在社區裡有多普遍？

4. 為什麼這是屬於政府該處理的問題？

5. 社區中還有其他人對解決這個問題也有責任嗎？

6. 目前有任何關於或因應這個問題的法律或政策嗎？

（接下頁）

◉ 任務分組（一）：說明問題 ◉

（續前頁）

7. 如果有，這項法律或政策可以適切的解決這個問題嗎？

8. 在你的社區裡，對於這個問題及其目前的處理方式有什麼不同意見？

9. 有哪些人、團體或組織關心這個問題？

10. 對你找出來的每個個人、團體或組織，分別回答下列問題：
    - 他們在這個問題上採取什麼立場？
    - 為什麼他們關心這個問題？
    - 他們的立場有什麼優點？
    - 他們的立場有什麼缺點？
    - 他們如何影響政府在這個問題上採納他們的立場？

11. 哪一個政府機關或專責單位應該負責解決這個問題？為什麼？

12. 至今政府如何處理這個問題？

● 任務分組（二）： 檢視得以解決問題的各項可行的政策 ●

這組同學必須找出幾個可以解決你們選出來的問題的政策，其中應包括現有的政策，或是社區中某些個人或團體提出來的建議，以及同學們的想法。

對所提出的各項政策，同學們必須：

1. 敘述這項政策或建議案。
2. 找出提議這項政策的個人或團體（也可能是你自己的班級或團體）。
3. 找出這項政策的優點。
4. 找出這項政策的缺點。
5. 找出社區可能會支持這項政策的團體或個人。
6. 找出社區可能會反對這項政策的團體或個人。

請寫下你的回答，若空間不夠，可用另外的紙張記下來。

◉ 任務分組（三）：提出公共政策議案 ◉

接下來，同學必須提出一項公共政策的議案，這個議案不可牴觸憲法！這個提案可以是先前討論過的或是經過修改的可行政策之一，也可以是你自己的原創想法。

請回答以下的問題，並完成「憲法意見表」。

1. 我們認為解決這個問題最好的政策應該是：

_____

_____

2. 這項提案的優點是：

_____

_____

3. 這項提案的缺點是：

_____

_____

4. 找出負責執行所提議的政策的政府層級，並說明這個層級的政府機關應該要負責的理由。

_____

_____

5. 這個提案符合憲法的規定，因為：（可以用你在「憲法意見表」中的答案來完成這個項目）

_____

_____

_____

● 任務分組（四）： 擬訂行動計畫 ●

　　這組同學必須規劃一個行動計畫，好讓適當的政府機關或專責單位願意採納你們的方案。這個行動計畫應包括：如何讓提案制定成法律，並由政府機關順利執行的步驟。

1. 我們計畫要採取的行動有：

_____

_____

_____

_____

2. 哪些有影響力的個人或團體可能願意支持我們的提案？

_____

_____

_____

_____

3. 為了贏得他們的支持，我們可以：

_____

_____

_____

_____

4. 哪些有影響力的個人或團體可能會反對我們的提案？

_____

_____

_____

_____

_____

_____

（接下頁）

● 任務分組（四）： 擬訂行動計畫 ●

（續前頁）

5. 我們如何改變那些個人[1]或團體[2]的看法轉而得到支持？

_____

_____

_____

_____

6. 有沒有哪些具影響力的政府官員或專責單位可能願意支持我們的提案？

_____

_____

_____

7. 我們可以用什麼方法獲得他們的支持？

_____

_____

_____

_____

8. 有沒有哪些具影響力的政府官員或專責單位可能會反對我們的提案？

_____

_____

_____

9. 我們可以用哪些方法來獲得他們的支持？

_____

_____

_____

_____

---

1 個人可能包括民代
2 團體可能包括媒體

◉ 憲法意見表 ◉

為保障人民的權利，憲法與相關法律對政府的權力加以限制。

任何時候，當我們建議政府採取政策或制定法律以解決問題時，我們都絕對不能要求政府做出牴觸憲法的事情。凡公民，都有權利與義務來檢視現有的政策及草案，以得知該等政策及草案是否牴觸憲法對政府行為所設的限制。

以下的檢查表列出了一些憲法對政府行為所設為保障人權之最重要的限制。請用下列表格來發展你的方案。當擬訂自己的政策時，必須小心，一切都不得牴觸憲法對政府行為所設的限制。

這份憲法意見表應由全班同學一起檢視，把檢視結果放入專題檔案任務分組三中<提出公共政策議案>。

◉ 檢查表

1. 政府無權干涉宗教信仰的自由。我們所提出的政策有／無牴觸這點，理由如下：

_____

_____

2. 政府無權對人民以言論、書寫或以其他方式之表見自由加諸不合理或不公平的限制。我們所提出的政策有／無牴觸這點，理由如下：

_____

_____

3. 政府無權，在沒有依法組成法庭或主管機關，能進行公正的聽證前，即剝奪生命、自由或財產。我們所提出的政策有／無牴觸這點，理由如下：

_____

_____

_____

（接下頁）

◉ 憲法意見表 ◉

（續前頁）

4. 政府無權，在沒有正當理由的情況下，即侵犯人民隱私。 我們所提出的政策有／無牴觸這
   點，理由如下：

_____

_____

_____

5. 政府無權依據人種、宗教、年齡、部族（國籍）或性別等因素，制定對人民有不合理或不
   公平差別待遇之法律。 我們所提出的政策有／無牴觸這點，理由如下：

_____

_____

_____

_____

◉ 總評

簡述你們班上提出的公共政策並無牴觸憲法的理由。

_____

_____

_____

_____

_____

_____

_____

● 公民行動方案專題檔案報告評估表 ●

在完成了專題的各部分報告並做好舉行公聽會的準備後，請用下列各項目來做整體檢查，確定報告的每個部分都符合評審審查的項目。

小組	檢查項目	是	否	待加強
1	**說明問題**			
	● 敘述問題、說明原因，並證明問題的確存在			
	● 明白解說問題的重點爭議			
	● 明白解釋現有的公共政策或政策提案			
	● 說明社區中對這個問題有沒有不同意見			
	● 說明為何這個問題需要政府出面解決			
	● 在展示板和資料夾中提供相互支持論證的資料			
2	**檢視得以解決問題的各項可行的政策**			
	● 針對問題提出兩、三個可行的公共政策			
	● 寫出每個提出之公共政策的利弊			
	● 寫出每個可行的政策的爭議和衝突			
	● 在展示板和資料夾中提供相互支持論證的資料			
3	**提出公共政策議案及其說服力**			
	● 描述處理問題的公共政策並找出負責制定相關法律或政策的政府機關或專責單位			
	● 說明支持這個公共政策的理由和證據			
	● 說明這個公共政策的利弊			
	● 說明其不牴觸憲法			
	● 在展示板和資料夾中提供相互支持論證的資料			
4	**擬訂行動計畫**			
	● 列出需要被說服的個人及團體（包括支持者或反對者）			
	● 列出需要被說服的政府官員（包括支持者或反對者）			
	● 寫出如何讓公共政策通過立法之行動計畫			
	● 展示板上明白顯示擬訂的行動計畫的基礎			
	● 在展示板和資料夾中提供相互支持論證的資料			
整體表現	**整體評估**			
	● 在展示板和資料夾中提供相互支持論證的資料			
	● 成果展示板上的資料有清楚的順序又具說服力			
	● 援引各種不同來源的資料並做成檔案，清楚註明資料和證據的出處			
	● 書寫整齊			
	● 圖文並茂			
	● 檔案整體的視覺效果具吸引力			
	● 能同時反應同學們學習的心得的證據（以記錄資料夾呈現）			

● 學習回顧評估表 ●

同學們可以藉由回答下面的問題來檢視你學到了什麼

1. 你學到哪些？
   - 學校、街坊鄰居、鄉鎮或鄰里面臨的問題？
   - 公共政策的定義與其制定過程？
   - 政府機關對解決社區問題的權力與職責？
   - 不同層級的政府機關或專責單位的角色？
   - 公民能如何影響政府決策？

2. 你在製作專題檔案的過程中還學到了什麼？

3. 在製作專題檔案的過程中，你學到哪些技巧？例如，哪些技巧可以用來
   - 蒐集資訊？
   - 找出問題的解決之道？
   - 做出決擇？
   - 和別人一起合作？

4. 你還用到了哪些技巧？或是你還學到什麼技巧？

5. 你知道在民主社會中，公民有哪些權利義務了嗎？例如：
   - 我們所謂的個人權利是什麼意思？為什麼需要加以保護？
   - 為什麼有開放的心胸廣納建言也很重要？
   - 為什麼我們有時候需要去和其他人溝通或妥協？
   - 什麼是公共利益？我們為何要促進它？

6. 在執行專題檔案的各項任務時，你運用到了哪些公民的權利與義務？

7. 在執行專題檔案各項任務時，你學到了哪些政府的責任？

8. 你對民主價值與其原則學到了多少？

（接下頁）

● 學習回顧評估表 ●

（續前頁）

同學們可藉由以下的問題來省察學習經驗

1. 在和同學合作的過程中，我知道了哪些關於公共政策的事？

2. 我們全班在進行專題檔案中，學到了什麼關於公共政策的事？

3. 藉由專題檔案的進行，我學到或增長了哪些技巧？

4. 藉由專題檔案的進行，全班同學學到或增長了什麼技巧？

5. 團隊合作有什麼好處？

6. 團隊合作有什麼壞處？

7. 我覺得哪些事情自己做得不錯？

8. 我覺得大家哪些部分做得不錯？

9. 我能如何增進處理問題的能力？

10. 大家能如何增進處理問題的能力？

11. 如果我們要就另一個議題做專題的話，我們能做哪些變化？

H. 學生講義

● 什麼是公共政策？ ●

我對公共政策的定義：

公共政策的基本要素：

經過修正後，我對公共政策的定義：

哪些是公共政策？哪些不是公共政策？

哪些是公共政策？哪些不是公共政策？

　　請先讀社區中的第一個問題範例（見下面中間欄內），以及解決這個問題的公共政策方案，包括有政府機關介入執行的公共政策（左欄），和完全由公民社會處理的解決方案（右欄）。請把你對下列各問題建議的公共政策方案，或公民社會解決方法寫在下列各欄中。在最後空白欄中，寫下你的社區裡的問題，和兩種不同的處理方式的範例。完成後，請和班上同學或小組成員分享、討論你的想法。

公共政策解決方案	社區問題	公民社會解決方案
政府部門出錢推動方案，讓有需要的人用「補助券」到特約的商店換取衣食。	①社區裡有些貧困的人得不到溫飽。	讓當地的宗教組織募集食物和衣服，如此一來，貧困的人便能到指定地點領取。
	②學齡兒童深夜在街頭遊蕩。	
	③家長們沒有正確的使用嬰幼兒汽車安全座椅。	
	④社區中的湖泊遭受污染並被倒滿垃圾。	
	⑤職業球隊的老闆想在市區裡蓋一座球場。	
	⑥許多高中的學生考試和作業都作弊。	

政策制定程序圖示

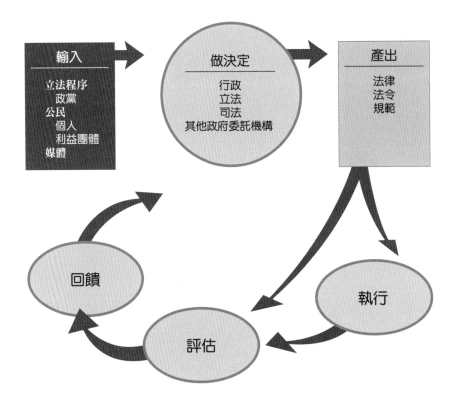

◦ 政府責任學習單 ◦

①「政府或公職首長的層級」

說明：
在欄內填入不同階級的機關或是機關首長的職稱，並自行加入當地的階層。

機關層級	行政	立法	司法
中央			
直轄市暨縣市			
鄉鎮市			
村里			
其他（政府層級）			

②「政府部門的職責」

說明：
把第14頁「B課堂活動」所找到的問題填入左邊欄位。右邊則填入有責或有權處理的政府部門。

	公共政策問題	有責或有權之政府部門
舉例	○○學校前交通狀況	○○警察局
1		
2		
3		

◉ 範例學習單 ◉

誰是有責的政策決策者？

議題：許多的學童蹺課

政策決定者				
校長	鄉鎮市公所	縣（市）教育局（處）	教育部	立法院

可能的行動				
整合學校行政資源（教訓輔合一），決定蹺課學童最佳的輔導方案	召開「強迫入學委員會」，擬訂協助蹺課學童回校的策略及鼓勵作為	研擬蹺課的防治、輔導及鼓勵辦法，並提供聯繫、輔導的支援系統。例：新北市國民中小學中途輟學學生通報及復學輔導標準化作業分工與流程	針對蹺課的通報、防治及輔導，訂定通則辦法。例：國民中小學中途輟學學生通報及復學輔導辦法	通過相關法律，對蹺課學童的家長，課以處罰，規定相關單位，必須分工協助，期使學童能回歸校園。例：強迫入學條例

◉ 範例學習單 ◉

誰是有責的政策決策者？

議題：社區溪流（抽藤坑溪、食水嵙溪）封溪護魚生態保育

政策決定者				
新社鄉自然環境生態保護協會	新社鄉公所	新社鄉鄉民代表會	台中縣政府（農業處） [地方主管機關]	行政院農委會 [中央主管機關]

可能的行動				
①提案封溪護魚 ②管理已公告禁漁區域，與社區守望相助隊協力宣導護魚觀念、排定巡邏勤務、檢舉破壞溪流生態者 ③與當地商家業者合作將護魚活動整合於觀光產業	設立相對應之專責課	就封溪護魚之提案討論表決並先行提出護魚方法等細節之建議供縣政府參考	①就鄉代會封溪護魚表決結果審核 ②公告特定區域禁漁（3年一期） ③就檢舉結果為罰鍰等適法處置 ④輔導當地團體志工了解相關法令及護魚知識、培養種子護魚先鋒	推動立法、協助縣政府專責局處及當地團體志工受訓、對護魚成效傑出之區域獎勵

學生講義5B

誰是有責的政策決策者？

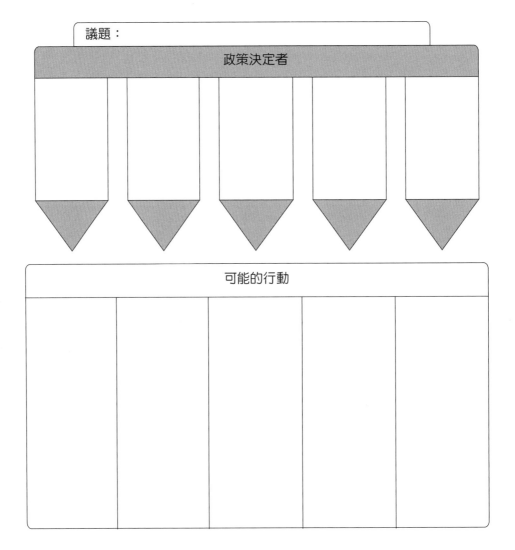

議題：

政策決定者

可能的行動

● 提出一項公共政策 ●

　　用適當的文字寫出一項公共政策或法案並不容易，有時候連州議員都需要專業人士的幫助。下面的指導原則摘錄自美國蒙大拿州立法院的網站，提供州議員一系列的問題，回答這些問題有助於立法院中負責起草法案的官員，把想法寫成具體條文，進而經過立法變成法律條文。

　　請先複習立法人士必須回答的十個問題，這將能幫助你在進行製作公民行動專題檔案的任務三──〈提出公共政策議案〉時，準備所需的班級政策。雖然你不一定能夠把所建議的政策變成真正的立法條文，這些問題還是可以幫助你澄清你的想法，知道要強調哪些重點。

　　當立法部門服務的人員在為立法委員起草一項法案時，必須把目標和立法政策翻譯成清楚明白的文字，符合法案草稿手冊的規定。為達到這樣的目標，起草的人員必須向立法委員要求完整的資訊。

　　立法院規則說明：「法規草案必須指明立法者想要達成的特定目標，並具體描述可以達成該目標的方法。在立法機構行政長官的同意下，起草者有權利向立法委員要求提出更多的資訊。」

　　要求制定法案的立法委員必須儘可能的回答下列各問題

1. 究竟需要解決什麼問題？	
2. 誰對這個問題有經驗？這個問題在本質上是普遍性的，還是地方性的？	
3. 有什麼解決的辦法？	
4. 這個辦法如何解決問題？亦即，政府應該採取什麼行動來介入這個問題？	
5. 我們希望達到什麼樣的結果？什麼樣的狀況表示這個問題已經解決了？	
6. 擬訂提案者可以向誰取得更多資訊？	
7. 為了能達成你提議的政策，你認為需要修改某些已經存在的法律條文嗎？	
8. 在其他州、組織、遊說團體、專責機構或其他來源有特定的立法，可以做為你提案的範例嗎？如果你曾經聽過或看過其他地方的立法，請盡量具體描述那個經驗。如果有書面的資料或文件，請務必提出。	
9. 這個提案需要再多花錢嗎？如何募集這些費用？或是從現有的資源中可以得到經費嗎？（授權地方政府必須授權經費來源）	
10. 除立法之外，還曾經考慮過哪些替代的方法嗎？那些方法為什麼失敗？	

● 提出一項公共政策 ●

（參考範例：「搭乘小客車時，後座乘客應該繫安全帶」）

當立法部門服務的人員在為立法委員起草一項法案時，必須把目標和立法政策翻譯成清楚明白的文字，符合法案草稿手冊的規定。為達到這樣的目標，起草的人員必須向立法委員要求完整的資訊。

立法院規則說明：「法規草案必須指明立法者想要達成的特定目標，並具體描述可以達成該目標的方法。在立法機構行政長官的同意下，起草者有權利向立法委員要求提出更多的資訊。」

要求制定法案的立法委員必須儘可能的回答下列各問題

1. 究竟需要解決什麼問題？	解決一旦發生交通事故時，保護乘客安全的問題。
2. 誰對這個問題有經驗？這個問題在本質上是普遍性的，還是地方性的？	這個問題應該是普遍性的，會及於全國各界，廣泛討論。
3. 有什麼解決的辦法？	制定相關規定。
4. 這個辦法如何解決問題？亦即，政府應該採取什麼行動來介入這個問題？	立法。
5. 我們希望達到什麼樣的結果？什麼樣的狀況表示這個問題已經解決了？	希望達到降低後座乘客意外事故死傷的機率。可以從發生率、死傷率、違規取締件數等，也可以從醫療或警方的相關數據資料確認問題是否已經解決。
6. 擬訂提案者可以向誰取得更多資訊？	交通警政單位、車輛安全研究設計單位、醫院、NGO如柯媽媽。
7. 為了能達成你提議的政策，你認為需要修改某些已經存在的法律條文嗎？	可以修正〈道路交通管理處罰條例〉。
8. 在其他縣市、組織、遊說團體、專責機構或其他來源有特定的立法，可以做為你提案的範例嗎？如果你曾經聽過或看過其他地方的立法，請盡量具體描述那個經驗。如果有書面的資料或文件，請務必提出。	2006年立委陳朝容及2010年立委涂醒哲等曾提出草案。
9. 這個提案需要再多花錢嗎？如何募集這些費用？或是從現有的資源中可以得到經費嗎？（授權地方政府必須授權經費來源）	可能會需要多花錢。 或許從交通違規罰款中提撥經費。
10. 除立法之外，還曾經考慮過哪些替代的方法嗎？那些方法為什麼失敗？	宣導，沒有罰則不易執行。

科技版

防核災 劉克襄：莫讓小蜥蜴變酷斯拉

資料來源：2011/03/16中國時報中國時報【邱祖胤／台北報導】

　　東日本大地震以及隨之而來的海嘯、核災引起國際關注，台灣也興起核電廠興建的爭議討論。自然作家劉克襄表示，日本知名動漫的科幻怪獸酷斯拉，在故事中是核電廠災難的產物，那個從海嘯中出現的身影令人印象深刻。劉克襄說：「地震、海嘯這些天災難以防患。但核電廠明顯是人禍，台灣真的不需要這麼多核電廠，這正是檢討台灣能源政策的時機！」

　　劉克襄今天將在彰化永光國小演講，他決定以酷斯拉破題，引發小朋友對環境問題的興趣。怪獸電影《酷斯拉》舉世聞名，描述受到核災而突變的超級蜥蜴入侵人類世界。而剛好劉克襄最新小說《小蜥蜴的回憶》，描述一隻小蜥蜴在沙漠中奮力求生、珍惜水資源的故事。兩隻蜥蜴樣貌、大小及命運有著天壤之別，卻同樣反應出環境議題，警世意味濃厚。

　　劉克襄表示，日本的災難連日來讓他感慨，但他更關心發生在台灣的事，日本的核災事件正好讓台灣的能源問題逼上檯面。

　　「不只是要不要蓋、要不要關核電廠的問題，而是要有整體節能及綠能政策。」劉克襄說，思考要不要核能電廠之前，一定要先談如何節能，有哪些替代方案，才有辦法談核能電廠關掉的事。

　　「民間的環保觀念是很強的，反而是政府總是跟不上。政府的節能、綠能政策是什麼？態度是什麼？不能老是悶不吭聲。」

　　劉克襄以日前國光石化為例，他非常佩服抗爭這些人的行動力與意志力，原本看起來似乎力量非常渺小，但最後掀起一股全國性的反對力量，也喚起國人的環保意識。

　　劉克襄表示，他一直思考台灣的未來在哪裡？2030年的台灣會是何種樣貌？

　　「台灣未來四大問題包括糧食、節能、減碳、水資源，我最近會擬一個到2030年之前的計畫及想法，再找一些人來一起談。今天不作長遠的思考，未來恐怕不太妙。」

反核廢嗆聲 議員林參天邀台電辯論

資料來源：2011/03/25〔自由時報記者張存薇／台東報導〕

　　反對核廢料放在台東，縣議員林參天昨天向台電下戰帖，要求總經理李漢申到台東辯論核廢安全；另林參天發起的「反對台電核廢料進駐台東縣境」公民投票連署持續進行，目前約五千人參加。

　　林參天指出，有感於日本大地震，造成福島核電廠輻射外洩，證明世人現今無法用科技處理核能問題，台東要發展經濟、不能炒短線，否則核廢料一旦造成損害，將付出永遠無法再生的代價。

他主張，核廢料放在蘭嶼多年，應該仍舊放在當地，但要將回饋金直接回饋鄉民使用，台電也必須全力打造為國際標準的安全處置場，日後再透過外交途徑送至境外處理。

林參天說，台電一再宣稱「核能廢料很安全」，因此他昨天以雙掛號邀李漢申到台東公開辯論，也呼籲不分族群、黨派，一起加入「反對台電核廢料進駐台東縣境」公民投票連署，他還將製作、分發三千張反核廢貼紙，要全縣一起動起來。

參與連署的吳媽媽說，她已七十歲了，喜歡台東好山好水，台東要發展觀光，把核廢料放在台東，外縣市民眾一定會心存疑慮、不敢到台東遊玩。

她表示，台東就像「次等國民」，醫療、交通發展都比不上其他縣市，政府應該「厚愛」台東，不要再把核廢料放在台東。

地方版

自保？出示中央法令解釋 中市：飲酒店可設住宅區
資料來源：2011/03/09中國時報【盧金足／台中報導】

發生大火的阿拉夜店，到底是「飲料店」或「飲酒店」？而且還能在住宅區開十多年，台中市府拿出內政部公文解釋，98年曾針對飲料店、飲酒店設在住宅區合法性問題，請求中央法令解釋，得到的回覆是都屬於「飲食業」，在住宅區營業不違法。

都發局說，住宅區土地使用管制，依照都市計畫法台灣省施行細則第十五條規定，針對住宅區使用限制，是以負面列舉方式規範。

其中第十一款規定住宅區不得經營「舞廳（場）、酒家、酒吧（廊）、特種咖啡茶室、浴室、妓女戶或其他類似之營業場所」，規定精神只在禁止酒家、妓女戶等特殊娛樂業進駐住宅區，這些有陪侍的店稱為酒吧，不能設在住宅區，無陪侍的稱做飲料店可開在住宅區。

倒化學污泥 鎖定拖板車 警北上逮人
資料來源：2011/03/25〔自由時報記者詹士弘／雲林報導〕

「甘是無政府啊！化學廢土直接倒在路邊？」，西螺與虎尾24日凌晨被人偷倒淺綠色廢土，散發刺鼻化學味，民眾連想起「汞污泥」，耽心有毒；立委劉建國與環保署中區稽察大隊連繫，決定派員用太空包處理；警方檢視過路口監視器後，已掌握可能嫌犯正展開緝捕。

環局一度束手 只打算蓋帆布

西螺吳厝中正橋旁、虎尾高鐵特定區及雲七十一線接近持法媽姐宮附近道路，被發現三大堆的化學廢土，數量龐大，由於廢料呈淺綠色，而且又股刺鼻的化學味，居民耽心可能危害人體健康。

吳厝的居民表示，昨天清晨三點多，民眾就發現路上倒了這麼一大堆的廢土，調

附近寺廟監視器，發現2點47分時有部35噸的拖板車經過，疑就是禍首；居民說，過去就算有人傾倒建築廢土，也沒有這麼明目張膽就倒在路上，這根本是在挑戰公權力，視雲林縣政府於無物。

環保局接獲民眾報案後，立即前往採樣，之後就束手無策，不知該如何處理這堆廢土，請西螺鎮清潔隊前來支援，因不知廢土是否有毒，無法決定處理方式，一度只打算用帆布覆蓋，避免被風吹散或遭雨水沖走。

環署稽查大隊 用太空包處理

立委劉建國趕到現場後，認為只蓋帆布太不保險，在地方無力處理下，立即與環保署中區稽察大隊連繫，大隊決定派員用太空包處理，安置至安全地方，並檢驗廢土是否有毒。

縣議員廖清祥也在議會提出緊急動議，要求警方要迅速破案；警方則透過路口監視器過濾，初步鎖定車號CP-56的大型拖板車，車主姓范，台北人，98年也曾到雲林丟棄廢土，已派員前往台北抓人。

教育版

書包加反光條 9成學校來不及辦理
資料來源：2011/03/25〔自由時報記者游明金／宜蘭報導〕

宜蘭縣政府推動國中小學書包及校服加裝反光條，維護學生安全，竟然有九成以上學校，無法在99學年度完成配合；縣府教育處辦理問卷，許多學校反映執行困難，或認為不必要，教育處將再與學校及家長溝通，盼能達成共識。

執行困難 允逐年推動

縣府教育處長陳登欽說，宜蘭多雨，晚上視線差，許多學生晚上還在補習，有些校服是深色系的，下課後，騎腳踏車或走在路上，無法看得很清楚，容易發生危險；去年耶誕節前一晚，員山鄉發生國中女學生回家途中被卡車輾斃憾事，如果她的校服有反光效果，或許可避免意外發生。

陳登欽說，各校校服與書包形式不同，反光條可融入整體美感設計，宜蘭縣有一百零一所國中小學，經問卷只有七所學校可以在這個學年度配合實施，其他94所學校都表示有困難。

學校提的理由很多，有的說，學生回家後就換便服，在制服加裝反光條沒有必要；有的說，學校制服是淺色系，不用再加反光條，學生認為不好看，家長也有意見。還有廠商庫存太多，不願配合新的設計；有的說，學校沒有制服等。

陳登欽認為，學校任何的理由，都不能凌駕學生安全，經溝通，多數學校允諾從新學年逐年推動，完成時程從99學年到107學年都有，甚至有29所學校的書包、33所學校的制服仍表示有困難，理由是沒有統一書包，沒有統一制服。

陳登欽將再與學校溝通，希望各校提前實施時間，並研議是否可由縣府統一訂製，發給反光條的可行性。

路面坑洞致摔傷 國賠67萬

資料來源：2011/03/25〔自由時報記者王定傳、張文川／新北報導〕

女子鄭詩穎騎車遇到坑洞，閃避不及而摔倒，機車重重壓在身上，鄭女受傷嚴重致休學1年，她向交通部公路總局第一區養護工程處請求國賠時，對方一句「就算你們告，也不一定告得贏」，家屬決心告到底以維尊嚴，板橋地院判決須賠67萬4,450元。

小蝦米告贏交通部

鄭詩穎說，98年3月15日下午4點半，她騎車經過新北市淡水區中正東路2段179號，發現坑洞後閃避不及撞上，機車向左傾斜倒在紅磚道上，自己被壓在機車下，造成膝蓋開放性傷口、左側膝挫傷等嚴重傷害，原本同年6月就可畢業並投入職場，卻因而導致行動不便，須在家休養1年，迄今仍持續開刀、復健。

鄭詩穎還說，事故後歷經3次開刀，痛楚難以形容，且傷口會增生肥厚疤痕，外觀明顯泛紅，她因而喪失穿裙、短褲的權利，影響正常社交活動。

第一區養護工程處則說，台灣網纜公司挖掘道路埋設管線，回填不實，才產生約120公分、寬70公分、深約8公分坑洞，據道路交通事故調查卷宗，研判肇事主因是鄭女「未注意車前狀況」，且撞上坑洞後，應該會立刻摔倒在坑洞左、右兩側，怎可能還往前打滑了32公尺遠。

但法官調查，該坑洞約有人孔蓋大小，並未大到足以阻止機車前進，因此鄭女撞上坑洞後，仍有車速往前行駛。

今年22歲的鄭詩穎目前在台中讀護校，鄭爸爸說，法官才判賠67萬，他認為並不多，「我女兒年紀輕輕，走路就一跛一跛」；但鄭爸爸很肯定法院不採信景美工務段的辯詞，並說「他們只會推卸責任，法官判得很公道」。

鄭父說，當初他向公路總局請求國賠，在談判協調時，一名官方談判者對他全家說「就算你們告，也不一定告得贏」，強勢要求鄭家接受只給住院2天的理賠金，他強調：「高高在上，絲毫沒有站在受傷老百姓的立場，這更激起我力抗大鯨魚的決心。」

修法來不及／取消軍教免稅 延後年實施

資料來源：2009/12/30〔自由時報記者鄭琪芳／台北報導〕

財政部今年6月再度提出「取消軍教免稅方案」，原本預計明年開始實施，但財政部政務次長張盛和昨天表示，由於來不及完成修法，財政部已提報行政院，取消軍教免稅延後一年實施，也就是後年開始實施。

不過，張盛和也強調，立法院會期還沒有結束，還是希望取消軍教免稅能在這

個會期完成修法，2011年開始實施，約三十五萬現役軍人及國民中小學以下教職員，2012年5月就要申報綜所稅。

張盛和說明，軍教恢復課稅後，預估每年可增加160億元稅收，將全數用於調整軍人待遇及改善教學環境，「正負相抵」，國庫收入不會增加。

財政部首度提出「取消軍教免稅方案」，可追溯至1990年，2002年行政院才首度通過，並送交立法院審議，當時承諾「課多少、補多少」，增加的稅收全數用於調整軍人待遇及改善教學環境，但該案在立法院仍一再闖關失敗，2006年立法院首度初審通過，之後卻再無進展。

馬政府上台後，將取消軍教免稅列為賦改會短期方案，今年六月送交立法院審議，預計今年底前完成修法，明年開始實施。不過，據了解，不少國民黨立委怕得罪軍教鐵票，私底下拖延修法進度，導致取消軍教免稅無法如期於今年底前完成修法。

（ 運動版 ）

4年16億 體委會打造運動島
資料來源：中國時報【李弘斌／台北報導】

體委會昨天公布98年運動城市調查結果，顯示有運動的國人比例雖超過8成，但中小學體能僅65%達到低標，體重過重的民眾也超過3成。鑑於國人每年平均醫療支出已高達34,000餘元，更堅定體委會以4年16億、打造台灣成「運動島」，藉運動來強身的決心。

「太多靜態的生活，會讓我們失去健康，」體委會全民處處長吳龍三引用管理大師大前研一的名言，「下班後的生活方式，決定你的競爭力。」鼓勵民眾多多運動。

根據體委會委託艾普羅民調公司的調查，目前我國「有運動人口」已占全國的80.5%，「規律運動」的人口也有24.4%，都比去年增加了0.2%。其中規律運動人口是以「每周運動3次」、「每次運動30分鐘」和「運動強度會喘會流汗」為標準。

全民處輔導委員、台灣體院教授林房儹指出，台灣平均每4人就有1人有規律運動的習慣，與美國、德國、澳洲與日韓等體育大國相比，當然還有很大的努力空間。不過台灣在今年夏天遭到天災侵襲，許多人力不得不投入救災及復原工作，相當程度也影響民眾參與運動，比例仍能上升已屬不易。

結合近年來運動城市調查結果，體委會將在99年至102年，透過4年期的中程計畫，推出「運動健身激勵」、「運動樂趣快易通」、「運動社團建置輔導」與「運動樂活島推廣」等4個專案，全力打造台灣成為「運動島」。

學校對學生表達言論可以設定什麼樣的限制？

美國的法律與司法的見解：

有關公立學校學生涉及憲法第一修正案的權利問題，美國聯邦最高法院的三個判例正可建立了在平衡學生的憲法第一修正案權利與教育任務違背時，學校該採取的基本原則：

判例一：

【政治性的表達：廷克（Tinker）判例】1969年的廷克（Tinker）v.德莫校區獨立委員會（Des Moines Independent Community School District）最高法院認為：除非學生的行為「在形式上與實質上都會破壞學校的工作及紀律」，否則學生不應當被阻止行使憲法第一修正案所賦予的權利；而既然瑪麗貝詩、約翰和克里斯多福所戴的反戰臂章不具破壞性，那麼學生就不應該被禁止穿戴臂章。

判例二：

【粗鄙與猥褻的表達：符瑞瑟（Fraser）判例】1986年，貝勒校區第四零三號法案（Bethel School District No.403）v.符瑞瑟（Fraser）.此判例中，法院判定校方有權利審查學生粗鄙或不雅的言論，即使這些言論不會對學校工作或紀律造成形式上或實質上的傷害。最高法院維持停學的判決，強調說發表這場演講的集會是強制參加的，主要聽眾都是十四歲的學生，許多人以叫囂、咆哮和做手勢來回應這場演講；況且先前就有兩位老師告訴馬休不要發表這篇演講。法院認為，雖然這篇演講沒有造成形式上與實質上的破壞，但是學校有「教導學生社會上適當行為的界線」之利害關係，因此校方有強烈的教育性理由禁止學生使用「粗鄙與唐突的字眼於公開演說中。」在此判例後，較低等層的法院在遇到類似案例時，對於這個決定是指校方可以審查所有學生的粗鄙言詞，或是只能審查類似符瑞瑟案件中在校方負責舉行的集會裡、或校方負責發行的刊物裡所發表的粗鄙演說，出現不同的見解。

判例三：

學校主辦之表達：庫麥爾（Kuhlmeier）案例1988年定案的海佐伍德學區（Hazelwood School District）v. 庫麥爾（Kuhlmeier）最高法院裁定校方有權控制由校方主辦的學生刊物之內容，只要校方的行動「合理地與合法教育關切相關」。最高法院認為：讀者不應當接觸到可能會不適合其年齡層次的內容是校方合理的關切之一。因此法院認為校長審查這篇引用到性活動與生育控制的文章，是正確的行為回應。但

是庫麥爾判例並沒有賦予校方只因為他們與校方意見不同，就審查校方主辦之學生言論的權利。因此，校方可以因為相信性和生育這個議題不適合青少年而審查所有與性和生育控制有關的文章，但是他們不能在學校裡禁止贊成性教育課程的文章，同時卻又同意發表另一篇反對性教育課程的文章。從這三起案例比較中可知，在遇到憲法第一修正案所賦予的權利時，該採取的一般原則是：（1）只要學生的行為沒有對學校工作與紀律造成破壞性的影響，校方不能禁止學生在校時發表他們個人的意見。（廷克判例）；（2）只要校方有很好的教育理由，而非只因為他們不同意學生的觀點，校方可以限制學生由學校主辦所發表的演講，像是由校方出資的刊物或是課堂上發放的講義。（庫麥爾判例）；（3）校方可以禁止學生使用粗鄙或不雅的語言來表達他們的意見（符瑞瑟判例）。較低層級的法院對於這個規則是適用於所有的學生言論，或只適用於學校主辦的演講，仍有分歧的意見。

我國的法律與司法的見解：

　　我國尚無法律、大法官解釋或法院，對此問題表達具體的看法。但我們可以參考大法官會議解釋在幾個有關意見表達自由的解釋或一些基本的憲政原理與原則中，來判斷學校對學生意見表達自由之限制範圍。如前揭釋字五〇九號即表示「在兼顧對個人名譽、隱私及公共利益之保護，法律尚非不得對言論自由依其傳播方式為合理之限制」。所以，第一、在校園裡為保障其他人的名譽、隱私或公共的利益，對學生的意見表達自由作合理之限制，而在學校裡最明顯的公共利益，莫過於學校的主要目的，即幫助學生完成學習；換言之，學校基於維持校園內教育活動之正常進行，當然可以對學生意見表達的傳播方式，在未涉及意見表達之目的或內容之事項的情況下，包括其表達的時間、地點、方式等為合理之規範。（參考釋字四四五號，有關集會遊行法之合憲性，提出可規範的面向，並不可涉及意見表達之目的與內容，而可針對表達之時間、地點、方式）。第二，在釋字第四四五號中，針對集會遊行法中，以條文限制集會遊行之政治性意見表達之內容，如「不得主張共產主義或分裂國土」，則與憲法保障意見表達自由之旨有違。所以，學校亦不得針對政治性的言論，在校規中事先明訂規則來加以規範。第三、在釋字第四四五號中，其亦認為規範的用語如「有事實足認有危害國家安全、社會秩序或公共利益之虞者」、「有危害生命、身體、或對財物造成重大損害之虞者」，這些用語皆欠缺具體明確性，尚無發生立即而明顯之事實狀態，僅憑將來可能發生之可能，即限制其集會與遊行，與憲法保障意見表達之旨有違。換言之，僅憑將來可能之危險為理由來限制意見表達是違憲的，僅能在事實上立即而明顯的危害狀態下，才可加以限制。

小結：

　　誠如前面已點出，學生權利在我國校園發展的文化上限制，學生的主體性，仍待在實際的校園關係中落實，而其最具體的作法，莫過於在日常的語言溝通互動中，尊重學生的意見表達自由，如同釋字五○九號所揭示，其在促進實現自我、溝通意見、追求真理等皆是不可或缺的。而也唯有讓學生表達其意見，甚至在形成其意見表達自由界線之探討或在其規範形成的過程中，允許學生參與而表達其意見，自尊尊人的現代公民才能形成。

以上補充資料來源出自：＜林佳範副教授——「學生權利義務之內涵與校園規範：台灣與美國的法律案例見解與「校規」的比較研究」＞